Camino al KINDER

Escrito por
Alex Cleveland
Barb Caton

Ilustraciones
David Jensen
Carol Koeller

Traducción
Sharon Franco

Building Blocks 38W567 Brindlewood Elgin, Illinois 60123

Ilustraciones:

Portada
David Jensen
Chicago, Illinois

Texto
Carol Koeller
Chicago, Illinois

Texto y composición gráfica
David Jensen
Chicago, Illinois

Traductora

Sharon Franco
Santa Fe, New Mexico

Editor

Daniel Santacruz
Teaneck, New Jersey

Fotografía

Autumn Pettibone

© 2001 Liz and Dick Wilmes

ISBN 0-943452-33-3

Reservados todos los derechos. No está permitida la reproducción parcial o total de este libro, ni su tratamiento informático, ni la transmisión de ninguna forma o por cualquier medio, ya sea electrónico, mecánico, por fotocopia, por registro u otros métodos, sin el permiso previo y por escrito de la editorial. Impreso en Estados Unidos.

Publicado por:

Building Blocks

38W567 Brindlewood
Elgin, Illinois 60123

DISTRIBUIDORES:

Gryphon House
P.O. Box 207
Beltsville, MD 20704
(Tiendas y catálogos educativos)

Consortium Book Sales
1045 Westgate Drive
St. Paul, MN 55114
(Pedidos comerciales en Estados Unidos)

Monarch Books
5000 Dufferin St., Unit K
Downsview, Ontario
Canada M3H 5T5
(Sólo para pedidos en Canadá)

ADVERTENCIA: La editorial y los autores no son responsables por heridas, accidentes o daños que ocurran como consecuencia de las actividades de este libro. Los autores recomiendan que los niños sean supervisados a todo momento según su edad y su capacidad.

DEDICATORIA

Camino al KINDER está dedicado a todos los padres que nos alentaron a escribirlo. Agradecemos su apoyo y su empeño para ayudar a sus hijos a continuar su educación en el hogar.

Agradecemos en especial a:

Papi, mami, Adlai Jr., Cody, Autumn y Coral
Dick, Kevin, Meghan, Cliff y Walker

BIOGRAFÍA

Alex y Barb tienen títulos de Maestría en Educación, además de varias credenciales en educación preescolar. Las dos han enseñado a niños pequeños durante 27 años. Escribieron juntas ACTIVITIES UNLIMITED y GAMES FOR ALL SEASON. Su amplia experiencia y sus considerables conocimientos del desarrollo sensomotor las hacen frecuentes ponentes en conferencias sobre educación preescolar.

ÍNDICE

Prólogo 6

OTOÑO

Septiembre
Semana 1 9
Semana 2 11
Semana 3 13
Semana 4 15

Octubre
Semana 1 17
Semana 2 19
Semana 3 21
Semana 4 23

Noviembre
Semana 1 25
Semana 2 27
Semana 3 29
Semana 4 31

INVIERNO

Diciembre
Semana 1 33
Semana 2 35
Semana 3 37
Semana 4 39

Enero
Semana 1 41
Semana 2 43
Semana 3 45
Semana 4 47

Febrero
Semana 1 49
Semana 2 51
Semana 3 53
Semana 4 55

PRIMAVERA

Marzo

Semana 1 57
Semana 2 59
Semana 3 61
Semana 4 65

Abril

Semana 1 67
Semana 2 69
Semana 3 71
Semana 4 73

Mayo

Semana 1 75
Semana 2 77
Semana 3 79
Semana 4 81

VERANO

Junio

Semana 1 85
Semana 2 87
Semana 3 89
Semana 4 91

Julio y agosto

Mi diario de verano 93

Página 1 . . . . . . Jugué con mi amigo/a...
Página 2 . . . . . . Jugué
Página 3 . . . . . . Fui a...
Página 4 . . . . . . Las actividades que hice fueron...
(nadar, acampar, etc.)
Página 5 . . . . . . Leí un libro sobre...
Página 6 . . . . . . Ayudé a mami o/a papi a ...
Página 7 . . . . . . Hice un/a...
Página 8 . . . . . . Vi...
Página 9 . . . . . . Lo que más me gustó este verano fue ....

Canciones y rimas 103

BUILDING BLOCKS RESOURCES 125

QUERIDOS MAESTROS

Camino al KINDER se compone de páginas semanales de actividades que ustedes pueden enviar a los padres. Las creamos porque los padres nos han pedido consejos para ayudar a sus hijos a aprender en casa. ¡Estas páginas han sido probadas una y otra vez! Hemos tenido éxito usándolas con las familias de nuestros estudiantes en los últimos cinco años.

Las actividades son apropiadas para fomentar el desarrollo de las destrezas motoras y para preparar al niño/a para el lenguaje, la lectura y las matemáticas. Para nuestros pequeños estudiantes y sus familias estas hojas son como una "tarea", con las cuales se comparan con sus hermanos, o hermanas, mayores.

Para usar las hojas de actividades

A principios del año escolar, envíe a casa de los estudiantes una nota explicando el propósito y el formato de estas hojas.

(Una carta de muestra aparece en la próxima página.)

Cada semana

1. Haga copias de las Hojas de Actividades. (Las páginas están perforadas para que sea más fácil sacarlas, duplicarlas y enviarlas a casa.)

2. Envíeles las hojas a las familias el lunes.

3. Pídales a los niños que le entreguen las hojas el viernes.

4. Mantenga una carpeta para cada estudiante. Esto tiene por objeto lo siguiente:

- Guardar en forma organizada las hojas.

- Permitir que los padres repasen y repitan las actividades.

- Ayudar a los padres a ver el progreso de su hijo/a durante el año.

5. Use las hojas tituladas MI DIARIO DE VERANO en julio y agosto.

¡Les deseamos suerte con Camino al KINDER!

Alex and Barb

QUERIDOS PADRES

Trabajemos juntos este año para ayudar a su hijo/a a aprender las destrezas que le prepararán para la lectura, las matemáticas y lenguaje. Cada lunes su hijo/a llevará a casa una Hoja de Actividades con cinco o más de ellas. (A algunos niños les gusta llamar "tarea" a estas hojas.)

Cada Hoja de Actividades tiene tres objetivos principales:

1. Alentar a usted y a su hijo a que se diviertan y pasen un buen rato juntos.

2. Ayudar a reforzar las destrezas y los conceptos apropiados para la edad de su hijo/a.

3. Ayudar a construir un "puente de aprendizaje entre el hogar y la escuela".

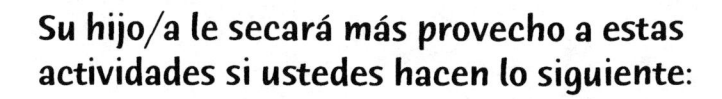

Su hijo/a le secará más provecho a estas actividades si ustedes hacen lo siguiente:

• Busquen un lugar y un momento tranquilo para trabajar.

• Saquen unos minutos cada día para hacer los ejercicios y las actividades físicas. Los músculos requieren ejercicio habitual para fortalecerse y estar más coordinados.

• Traten de hacer de la lectura parte de la rutina de su hijo/a. Las investigaciones indican que a los niños que se les lee con regularidad aprenden a leer con más facilidad.

• Pidan a su hijo/a que coloree o que ponga una marca pequeña en la esquina de cada actividad para indicar que la ha terminado.

Entreténganse haciendo las actividades con su hijo/a.
No olviden devolver la(s) hojas(s) a la escuela cada viernes.
¡QUE SE DIVIERTAN!

Camino al KINDER

Pregunta de la semana: ¿Cómo llegas a la escuela todos los días? _____

Septiembre - Semana 1
♪ Canta LAS RUEDAS DEL AUTOBÚS. ♪

Dile a 5 personas cómo se llama tu maestro/a.

Mi maestro/a se llama...

Salta con los pies juntos.

¿Cuántas veces puedes saltar sin parar? _____.

Busca alguien que te lea.

Haz y colorea un dibujo tuyo.

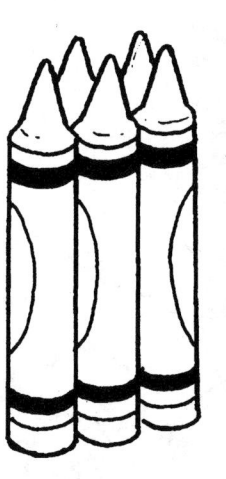

Nombre del niño/a _____ Nombre de uno de los padres _____

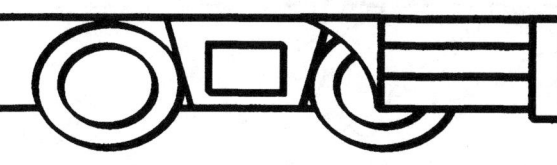

Building Blocks

www.bblocksonline.com

Ésta/e soy yo.

Camino al KINDER

Pregunta de la semana:
¿Cuál es el refrigerio que más te gusta ?_____

Septiembre - Semana 2

♪ Canta ¿DÓNDE ESTÁ GORDO?

Di el nombre de todos los niños de tu clase que puedas recordar.

Paul
Jud
Rosa

Camina hacia atrás desde la cocina hasta tu dormitorio.

Busca alguien que te lea.

CAMINO A LA ESCUELA

Ayuda a los niños del dibujo a encontrar el camino a la escuela.

Nombre del niño/a _____   Nombre de uno de los padres _____

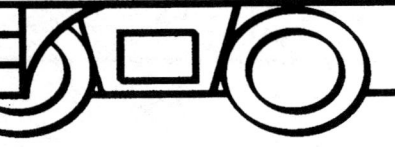

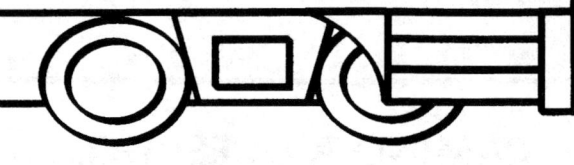

www.bblocksonline.com

CAMINO A LA ESCUELA

Ayuda a los niños del dibujo a encontrar el camino a la escuela.

Camino al KINDER

Pregunta de la semana:
¿De qué color es tu bicicleta?
_____

Septiembre - Semana 3

♪♫ Canta MARY HAD A LITTLE LAMB. ♪♫

Dile a 3 personas tu nombre, segundo nombre y apellido.

Me llamo...

Tira una pelota y cógela.

¿Cuántas veces la puedes coger? _____

Busca alguien que te lea.

Haz y colorea un dibujo tuyo cuando estés feliz y cuando estés triste.

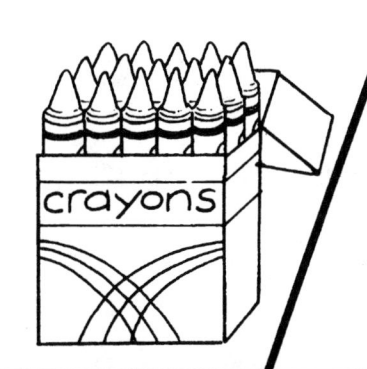

Nombre del niño/a _____   Nombre de uno de los padres _____

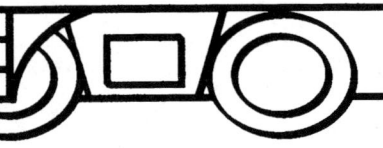

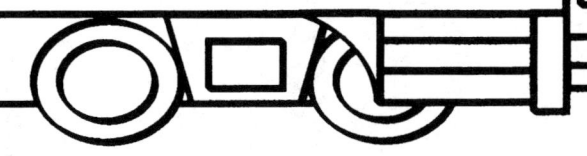

www.bblocksonline.com

Estoy feliz.

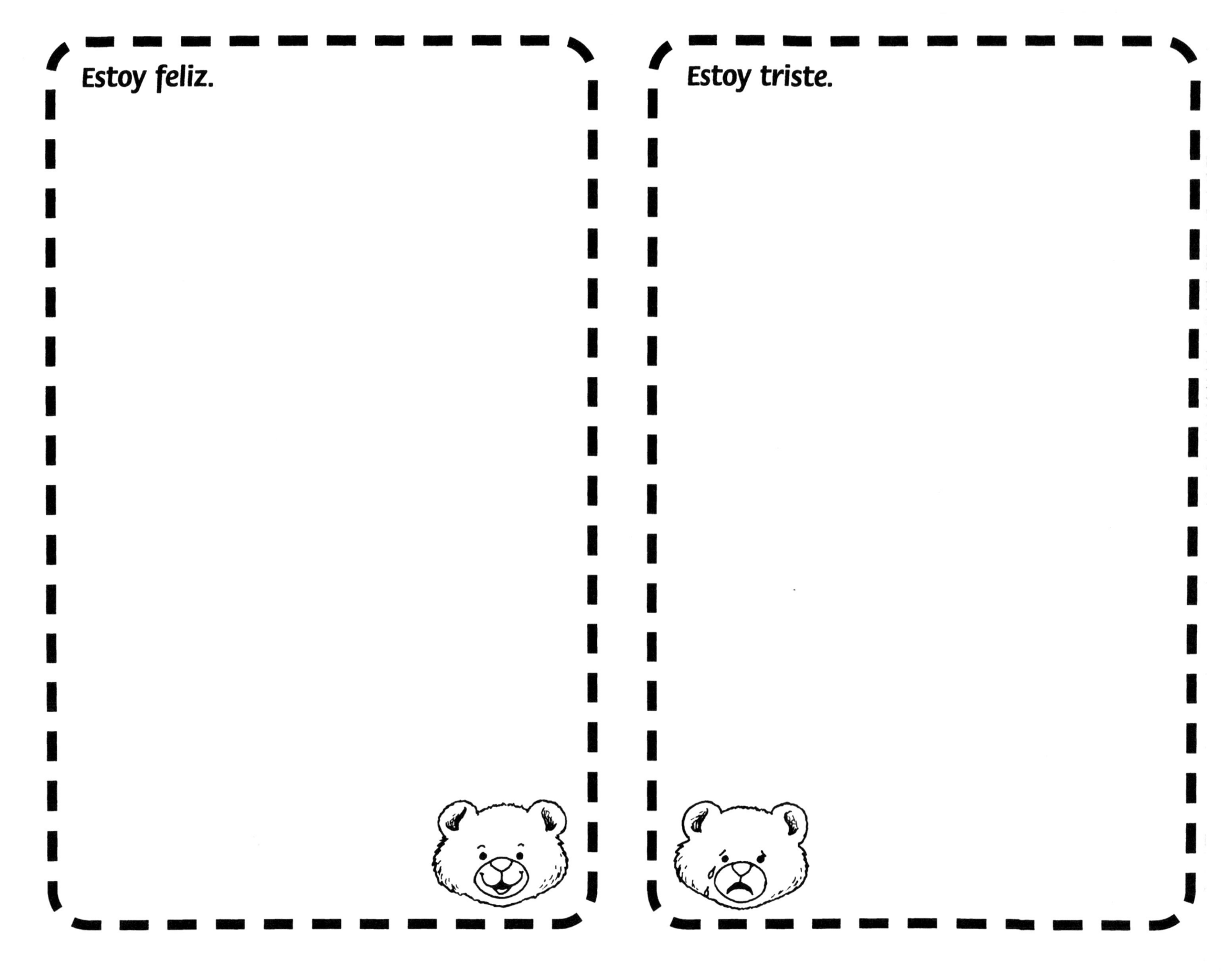

Estoy triste.

Camino al KINDER

Pregunta de la semana:
¿En qué parte del campo de recreo prefieres jugar?
_____

Septiembre - Semana 4

Aprende y recita JACK AND JILL.

Dile a 5 personas cómo escribir tu nombre.

M..a...

Juega a la pelota con un adulto.

Busca alguien que te lea.

Pide a tu mami o/a tu papi unas piezas de correo de propaganda. Dobla cada una lo más pequeña que puedas.

JUEGO EXTRA

¿HAY ALGO MAL?

Nombre del niño/a _____ Nombre de uno de los padres _____

www.bblocksonline.com

¿HAY ALGO MAL? Mira con cuidado este dibujo de otoño para encontrar lo que está mal.

Camino al KINDER

Pregunta de la semana:
¿Cuál es tu color favorito?
_____

Octubre - Semana 1

♪♫ Canta EENCY WEENSY SPIDER. ♫♪

Busca 3 cosas en tu casa que sean de color:

Rojo _____

Azul _____

Amarillo _____

Salta en la acera con los pies juntos.

Busca alguien que te lea.

Haz masa anaranjada con tu mami o tu papi.

¿Qué puedes hacer con la plastilina?

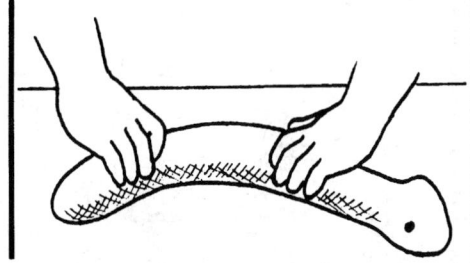

Nombre del niño/a _____   Nombre de uno de los padres _____

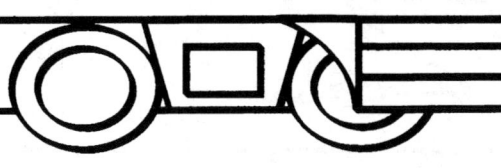

Building Blocks

www.bblocksonline.com

RECETA PARA PLASTILINA

Necesitarás:

- 1 taza de harina
- 1 taza de sal
- 2 cucharadas de crémor tártaro
  (está en la sección de especias)
- 2 cucharadas de aceite
- 1 taza de agua
  (añade colorante alimenticio al agua si quieres)

Haz LA PLASTILINA.

1. Mezcla todos los ingredientes en una olla grande.
2. Cuece los ingredientes a fuego mediano por 3 minutos o hasta que la masa esté tan espesa como el puré de papas.
3. Deja enfriar.
4. Pon la plastilina en el mostrador y amásala hasta que no tenga grumos.

Guarda LA PLASTILINA.

1. Ponla en un plato cubierto o en una bolsa resellable.
2. Guárdala en el refrigerador.

Camino al KINDER

Octubre - Semana 2

♪♫ Aprende y recita HOJAS SECAS. ♪♫

Pregunta de la semana:
¿Alguna vez has barrido hojas con un rastrillo?
___ Sí ___ No

Busca 3 hojas de clases distintas.

Traza una línea larga en la acera e imagina que es una cuerda floja. Camina por ella con los brazos extendidos para hacer equilibrio.

Camina hacia atrás.

Busca alguien que te lea.

JUEGO EXTRA

¿QUÉ FALTA?

Usa la plastilina para hacer muchas bolas y calabazas.

Nombre del niño/a _____   Nombre de uno de los padres _____

Building Blocks

www.bblocksonline.com

19

¿QUÉ FALTA?

Mira con cuidado cada calabaza tallada ("jack-o-lantern") para encontrar lo que falta.

Camino al KINDER

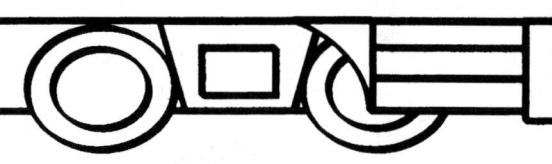

Pregunta de la semana:
¿De qué color son tus ojos?
_____

Octubre - Semana 3

♪ Canta DIEZ CALABAZAS. ♪

Busca 3 cosas que sean de color:

_____ Anaranjado

_____ Verde

_____ Morado

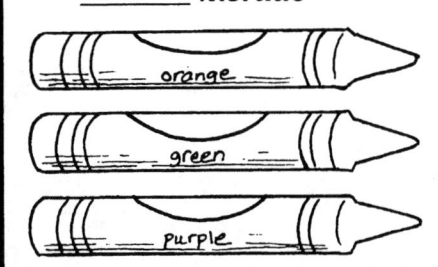

orange
green
purple

Traza una línea en la acera. Párate en ella y da un salto. A ver qué tan lejos puedes saltar. Hazlo varias veces. Marca tu salto más largo. Tu salto más corto.

Busca alguien que te lea.

Haz el dibujo de una calabaza y coloréalo.

Nombre del niño/a _____ Nombre de uno de los padres _____

Building Blocks

www.bblocksonline.com

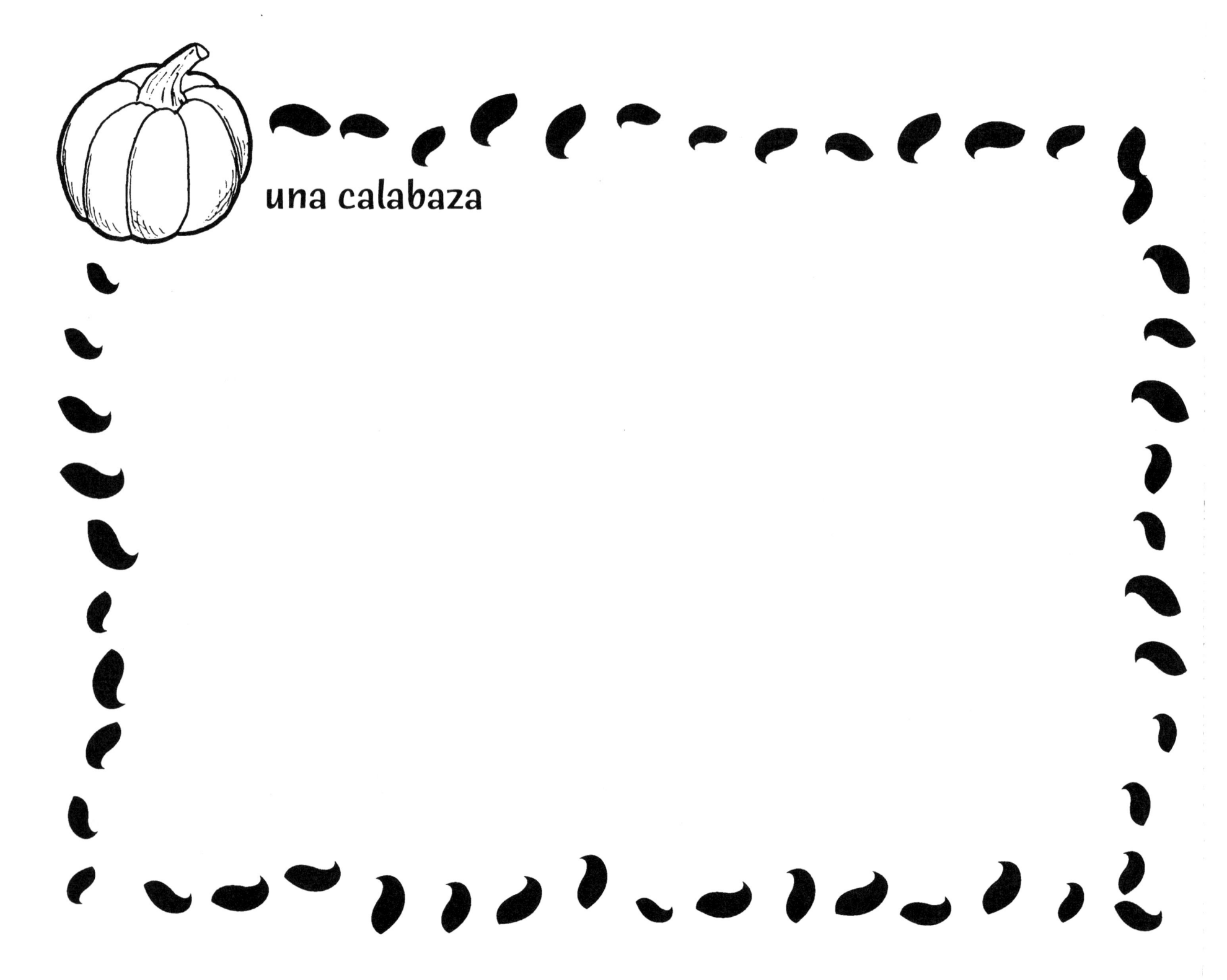

una calabaza

Camino al KINDER

Pregunta de la semana:
¿Cuál es tu dulce favorito?
_____

Octubre - Semana 4

Aprende y recita CINCO CALABAZAS.

Da un paseo y cuenta las calabazas. ¿Cuántas viste?
_____

Juega a SIGUE AL MONO.

Busca alguien que te lea.

Dibuja una calabaza grande y una pequeña.

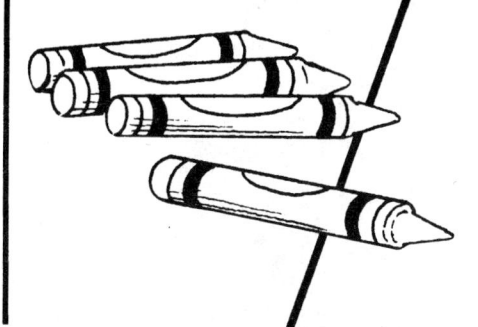

Nombre del niño/a _____ Nombre de uno de los padres _____

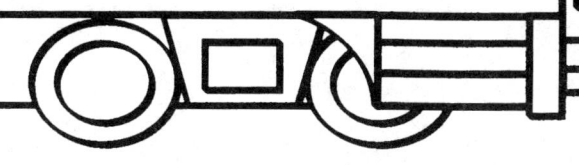

www.bblocksonline.com

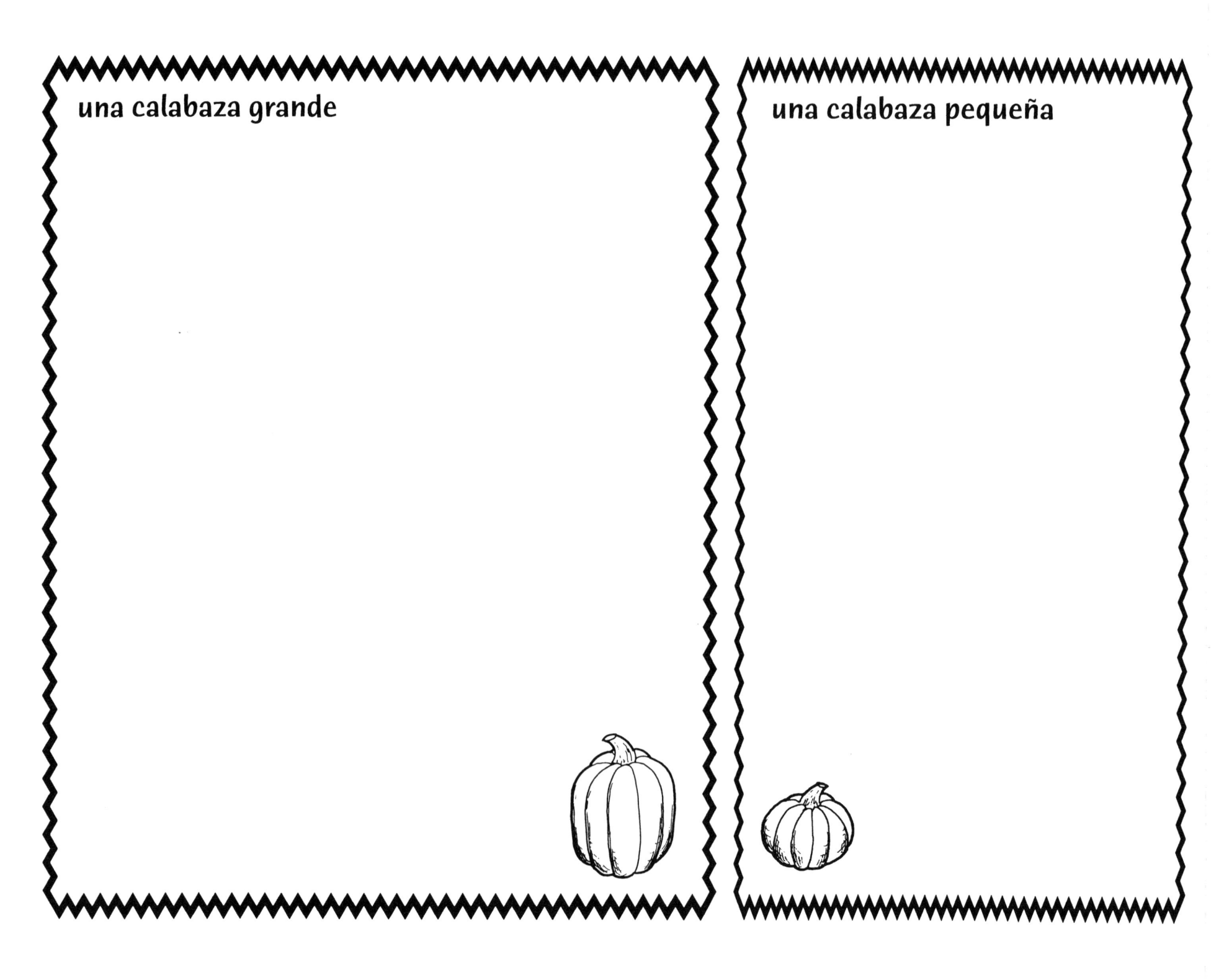

una calabaza grande

una calabaza pequeña

Camino al KINDER

Pregunta de la semana:
¿Qué clase de galletas te gustan más?
_____

Noviembre - Semana 1

♪ Canta ¿CONOCES AL PANADERO? ♪

Busca 3 cosas en forma de:

_____ Círculo

_____ Cuadrado

Anda de puntillas desde la cocina hasta tu dormitorio y regresa a la cocina.

Busca alguien que te lea.

Busca tapas, latas y cajas pequeñas. Traza los contornos en un papel y coloréalos.

Nombre del niño/a _____   Nombre de uno de los padres _____

www.bblocksonline.com

25

Tracé los contornos de varias tapas y latas.

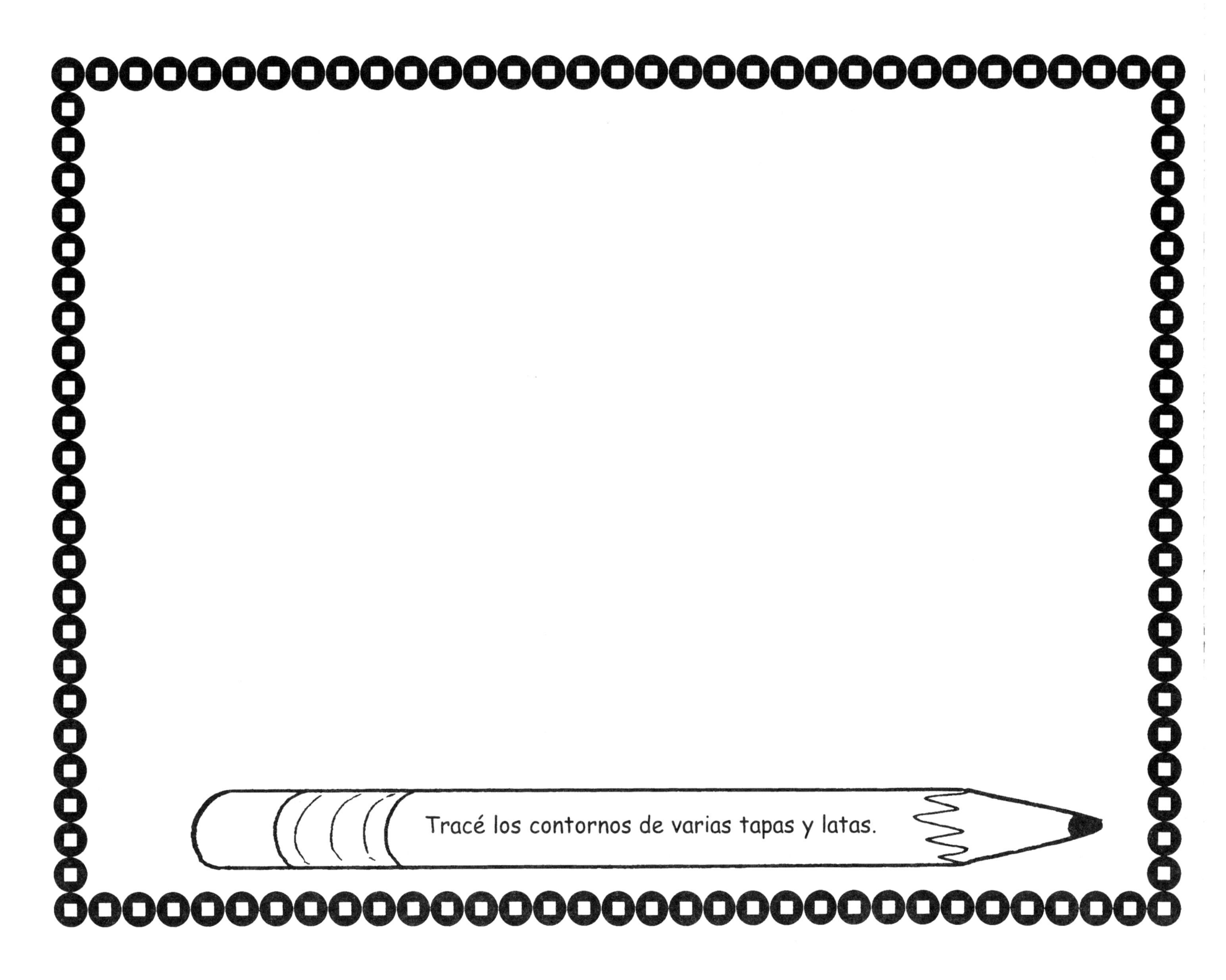

Camino al KINDER

Pregunta de la semana:
¿Qué clase de sandwich prefieres? _____

Noviembre - Semana 2 ♪ Canta DAMOS VUELTAS AL ÁLAMO. ♪♫

¿Para qué se usa:

Una escoba _____

Un tenedor _____

Una peinilla _____

Un martillo _____

Un cepillo de dientes _____

Un teléfono _____

Un libro _____

Un lápiz _____

¿Cuánto tiempo puedes mantenerte parado/a en un pie? Inténtalo con el otro pie también.

¿Lo puedes hacer sin apoyarte con la mano?
____ Sí
____ No

Busca alguien que te lea.

Dibuja y colorea las caras de tus familiares.

Nombre del niño/a _____   Nombre de uno de los padres _____

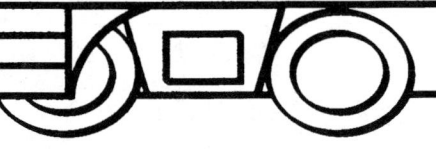

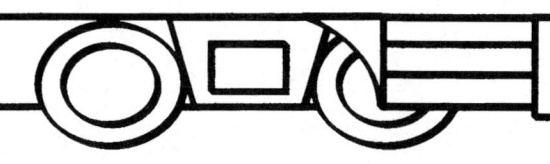

www.bblocksonline.com

Ésta es mi familia.

Camino al KINDER

Pregunta de la semana:
¿De qué color es tu coche?
_____

Noviembre - Semana 3

♪♪ Canta WE ARE THANKFUL. ♪♪

¿Cuántos/as tienes?
_____ Hermanos
_____ Hermanas
_____ Abuelos
_____ Mascotas

1 perro

Coloca en el suelo unas cajas vacías, como las de pañuelos de papel, de zapatos o de cereal, y salta sobre ellas.

Busca alguien que te lea.

Traza el contorno de tu mano y coloréala para hacer un pavo.

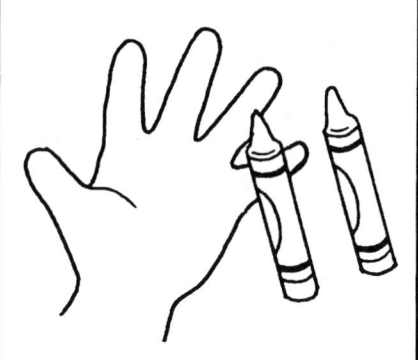

Nombre del niño/a _____

Nombre de uno de los padres _____

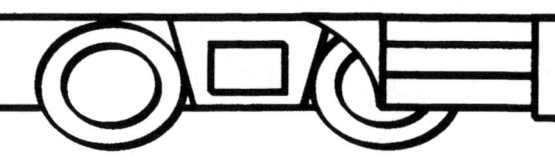

BUILDING BLOCKS

www.bblocksonline.com

29

Éste es mi pavo.

Camino al KINDER →

Pregunta de la semana:
¿Tienen tus zapatos: ___ cordones? ___ cierre de velcro? ___ hebilla? ___ nada para abrocharse

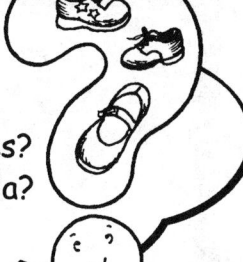

Noviembre - Semana 4

Aprende y recita GOBBLE, GOBBLE TURKEY.

Háblale a alguien de 5 cosas por las que estás agradecido/a.

Estoy agradecido por...

Juega a RING AROUND THE ROSIE.

Busca alguien que te lea.

JUEGO EXTRA

Preguntas sobre el día de Acción de Gracias.

Pon crema de afeitar en una bandeja para hornear galletas.

Diviértete haciendo formas, dibujos, letras, diseños, etc.

Nombre del niño/a _____ Nombre de uno de los padres _____

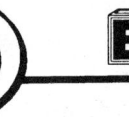

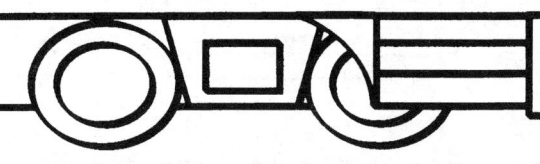

Building Blocks
www.bblocksonline.com

31

El *día* de Acción de Gracias

¿Cuanta gente asistió a la cena de Acción de Gracias en tu casa?
_____

¿Comiste pavo?

Sí_____   No_____

¿Miraste el desfile en televisión?

Sí_____

No_____

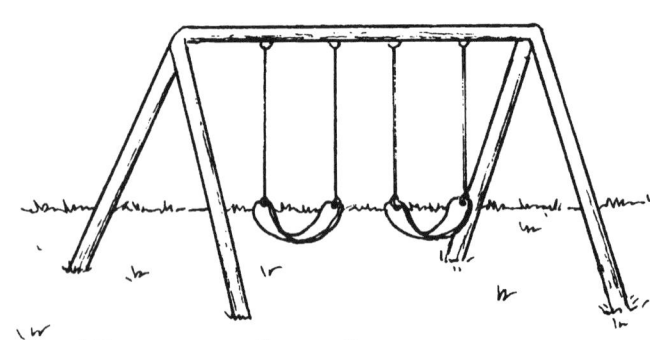

¿Jugaste afuera?

Sí_____   No_____

Contesta estas preguntas sobre el Día de Acción de Gracias.

Camino al KINDER

Pregunta de la semana:
¿A qué hora te acuestas?

_____

Diciembre - Semana 1

Aprende y recita HICKORY, DICKORY DOC.

Tira un dado. Cuenta los puntos en la cara de arriba. Haz los ejercicios siguientes tantas veces como hay puntos.

___ Aplaude
___ Salta
___ Da una vuelta
___ Da un saltito en un pie

Pon música y marcha por la casa.

Busca alguien que te lea.

JUEGO EXTRA

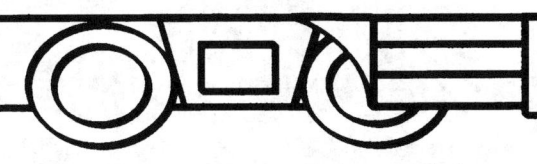

Mira con cuidado el dibujo para encontrar los regalos escondidos.

Pídele a tu mami o/a tu papi unos palillos de dientes (con costado plano). Ponlos en una bandeja para hornear galletas. ¿Qué figuras, letras y diseños puedes hacer?

Nombre del niño/a _____   Nombre de uno de los padres _____

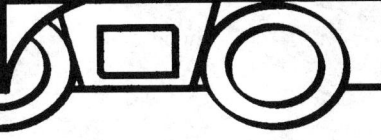

BUILDING BLOCKS

www.bblocksonline.com

Encuentra los regalos

Mira con cuidado el dibujo para encontrar los regalos escondidos.

Camino al KINDER

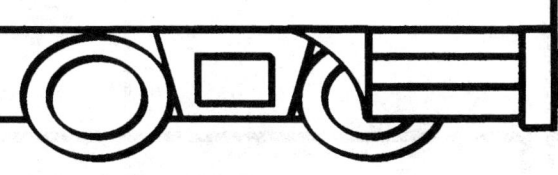

Pregunta de la semana:
¿Cuál es tu juguetería favorita?
_____

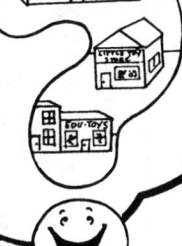

Diciembre - Semana 2

Aprende y recita JACK BE NIMBLE.

Juega a ¿CÓMO SE LLAMA ESTA FIGURA?

Gatea desde la sala hasta tu dormitorio. Vuelve a la sala dando saltos.

Busca alguien que te lea.

¿Qué fiestas celebra tu familia?

___ ¿Hanuka?

___ ¿Navidad?

___ ¿Kwanza?

Cuéntale a alguien cómo te preparas para tus fiestas.

Celebramos...

Nombre del niño/a _____   Nombre de uno de los padres _____

Building Blocks

www.bblocksonline.com

Di los nombres de estas figuras

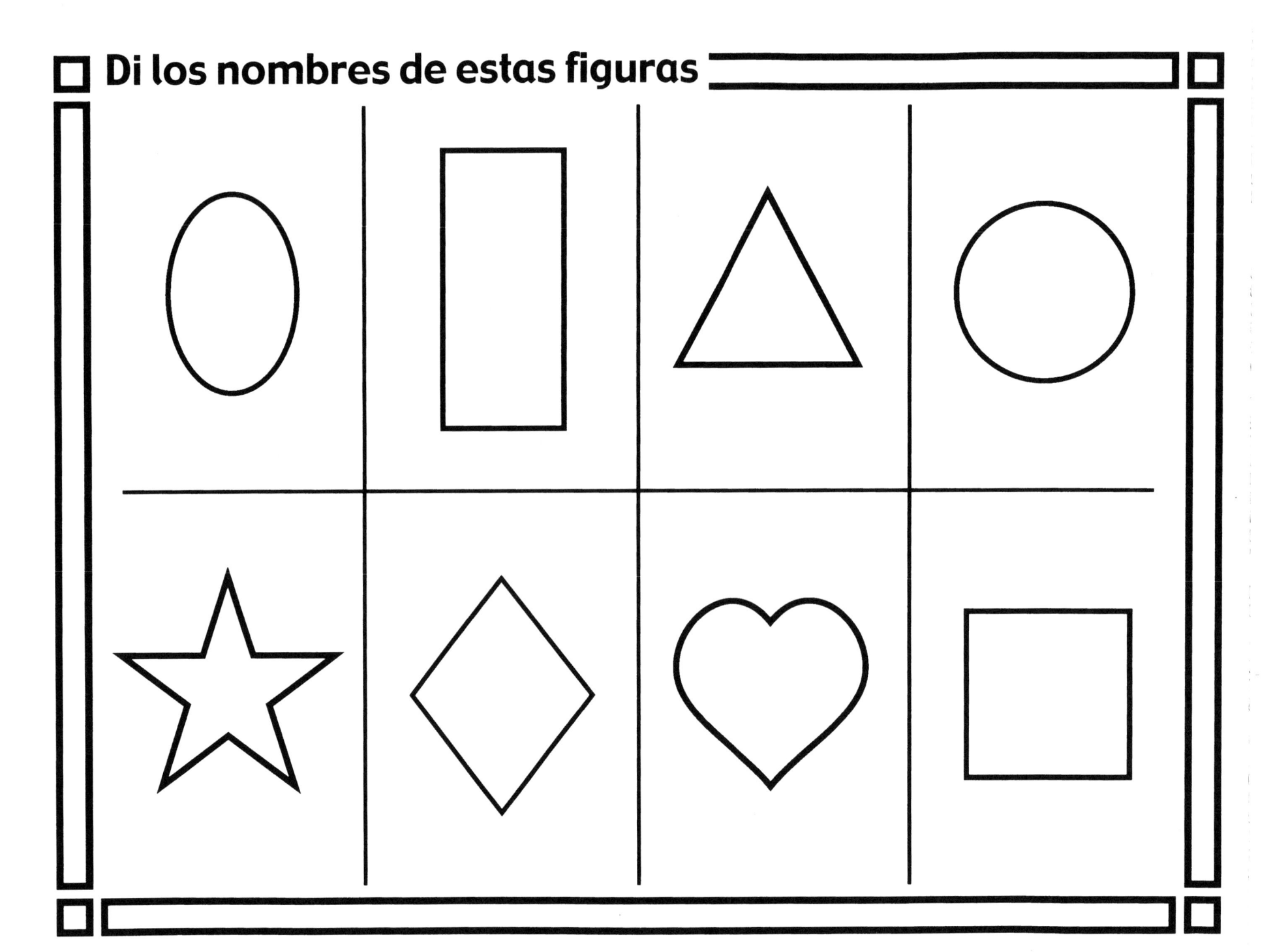

Señala cada figura y di cómo se llama.

Camino al KINDER

Pregunta de la semana:
¿Cuál es el juego que más te gusta?
_____

Diciembre - Semana 3

♪♫ Canta JINGLE BELLS. ♪♫

Menciona todos los muebles de tu:

_____ Dormitorio

_____ Cocina

_____ Sala

cama... silla... lámpara...

Pon música y baila. Otro día pon música festiva y baila.

¿Con cuántas parejas bailaste?
_____

Busca alguien que te lea.

Hojea revistas y catálogos. Recorta fotos de las cosas que quieres y pégalas en una hoja de papel.

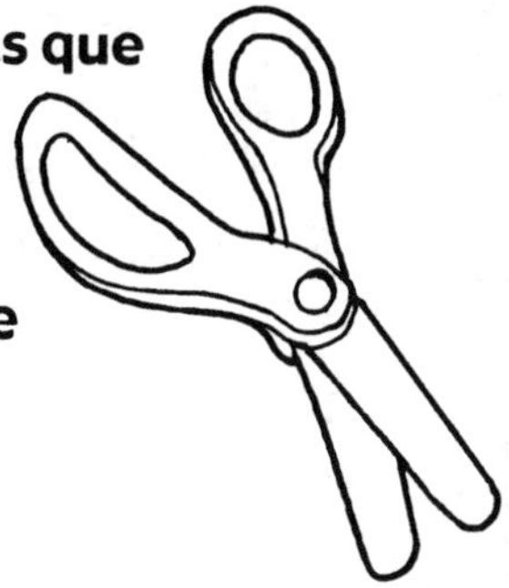

Nombre del niño/a _____   Nombre de uno de los padres _____

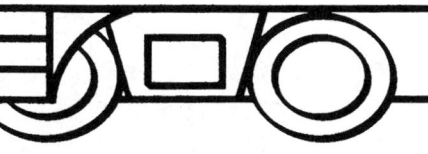

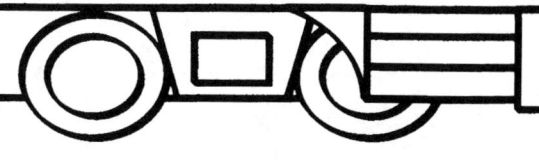

Building Blocks

www.bblocksonline.com

Quiero estas cosas.

Camino al KINDER

Pregunta de la semana:
¿Cuándo es tu cumpleaños?
_____

Diciembre - Semana 4

Aprende y recita EL REGALO.

Pídele a tu mami o a tu papi 5 cajas o latas. Ponlas en orden de tamaño.

Juega a SIMÓN DICE. Túrnense para ser Simón.

Busca alguien que te lea.

Dibuja tu regalo preferido.

Mi regalo....

Nombre del niño/a _____   Nombre de uno de los padres _____

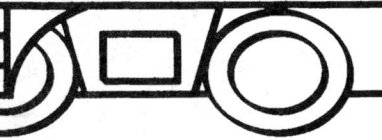

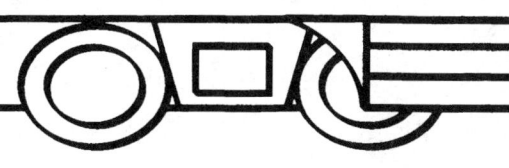

www.bblocksonline.com

Mi regalo favorito.

Camino al KINDER →

Pregunta de la semana:
¿Cuál es tu cuento o tu libro favorito? _____

Enero - Semana 1

♪♪ Canta y actúa OSITO, OSITO. ♪♪

Juega al **JUEGO DE CONTAR**. Toma una baraja de naipes. Usa solamente los naipes que tienen números.

1. Distribúyelos a cada jugador.

2. Cada jugador voltea un naipe y cuenta las figuras.

3. El jugador que tenga más figuras gana.

Agáchate y tócate los pies 10 veces.

Busca alguien que te lea.

JUEGO EXTRA
¿HAY ALGO MAL?

Pide a tu mami o a tu papi una piezas de correo que no importa. Córtalas en muchos pedacitos con tus tijeritas.

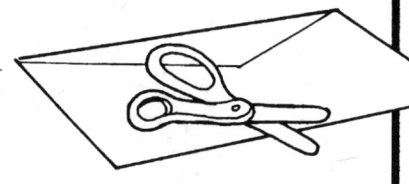

Nombre del niño/a _____   Nombre de uno de los padres _____

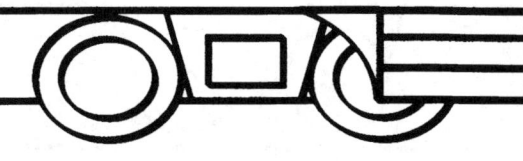

Building Blocks
www.bblocksonline.com

41

¿HAY ALGO MAL? Mira con cuidado este dibujo de invierno para encontrar las cosas que están mal.

Camino al KINDER

Enero - Semana 2

Pregunta de la semana:
¿Conoces a alguien que use lentes?
___ Sí ___ No
_____ ¿Quién?

Canta TWINKLE, TWINKLE LITTLE STAR.

Llena con agua una taza irrompible y ponla en el congelador.

Sácala al día siguiente y cuéntale a alguien lo que le pasó.

Colócate un plato de cartón debajo de cada pie y "patina" por la cocina o por un cuarto sin alfombra.

Busca alguien que te lea.

En una hoja de papel, traza los contornos de tus dos manos para hacer un par de mitones.

Coloréalos.

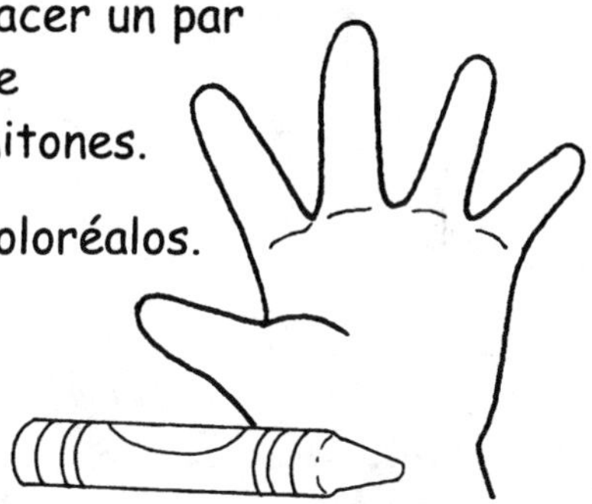

Nombre del niño/a _____ Nombre de uno de los padres _____

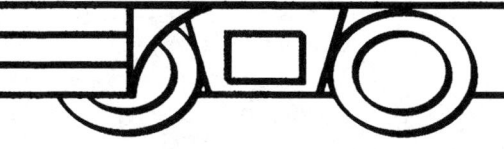

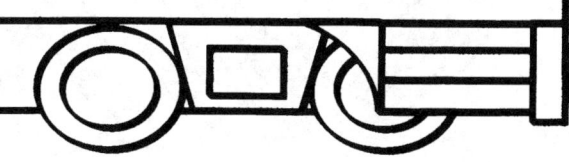

Building Blocks

www.bblocksonline.com

43

mis mitones

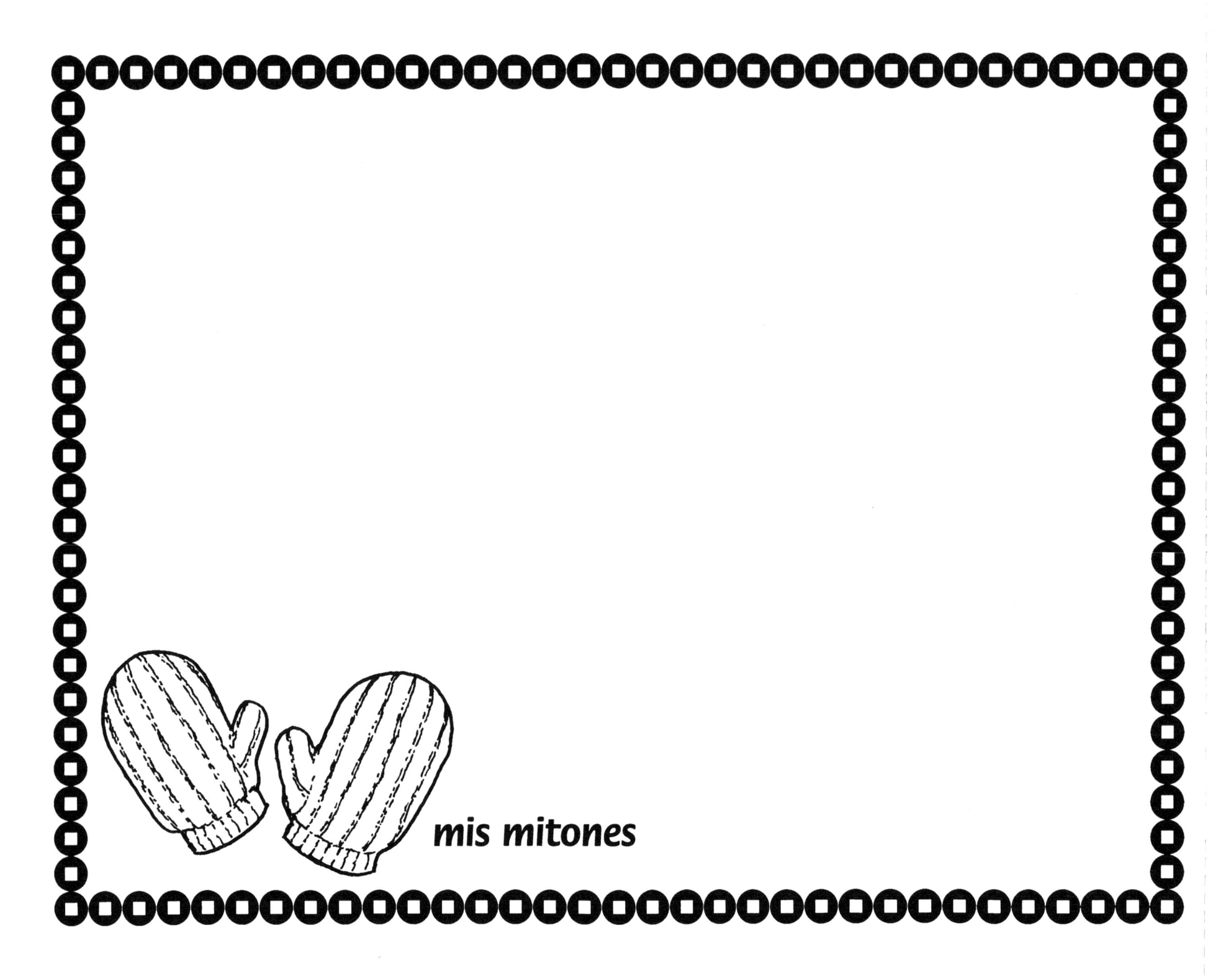

Camino al KINDER

Pregunta de la semana:
¿De qué color es tu pelo?
_____

Enero - Semana 3

♪♫ Aprende y recita SOY MUÑEQUITO DE NIEVE. ♪♫

Toma una baraja de naipes.
Pon juntos los naipes que sean iguales.

Juega a DAR PALMADAS SEGÚN EL MODELO.
Al adulto: Dé 4 palmadas. Haga que el niño responda con 4 palmadas. Repita varias veces, variando el número de palmadas, haciendo que el niño responda con el mismo número de palmadas. En otra oportunidad, dé palmadas fuertes y palmadas suaves y haga que el niño repita el modelo.

Busca alguien que te lea.

JUEGO EXTRA
VISTE AL MUÑECO DE NIEVE.

Dibuja un muñeco de nieve.
¿Alguna vez has hecho una escultura de nieve? ¿Qué hiciste?

Nombre del niño/a _____ Nombre de uno de los padres _____

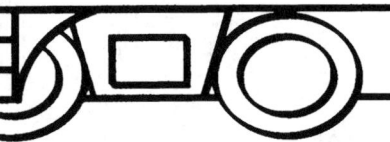

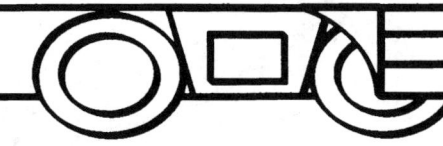

Building Blocks
www.bblocksonline.com

VISTE AL MUÑECO DE NIEVE

Viste el muñeco de nieve con cosas que encuentres en tu casa. Por ejemplo, en un molde de tartas, junta botones y cuentas grandes, ramitas, pajitas para agitar el café, fichas de bingo o de póker, tapas de botella, cordones de zapatos, retazos de tela, estambre, y pedacitos de cartulina o papel de colores. Viste varias veces al MUÑECO DE NIEVE con trajes diferentes.

Camino al KINDER

Pregunta de la semana: ¿Cuántos bolsillos tiene tu abrigo o tu chaqueta?

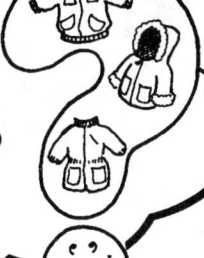

Enero - Semana 4

♪♩ Canta 10 MUÑEQUITOS DE NIEVE. ♩♪

Juega un juego con alguien. ¿Qué juego jugaron?

Coloca en el suelo una vara de una yarda o una cuerda de 3 pies de largo. Salta varias veces de un lado al otro.

¿Cuántas veces puedes saltarla?
- __ ¿5 veces?
- __ ¿10 veces?
- __ ¿15 veces?

Busca alguien que te lea.

Juega a UNIR LOS COPOS DE NIEVE.
Con un crayón, conecta los copos de nieve. Usa un color distinto y conéctalos de forma diferente.

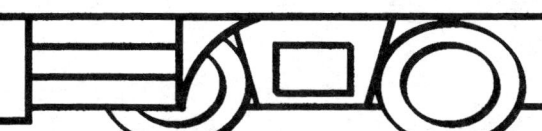

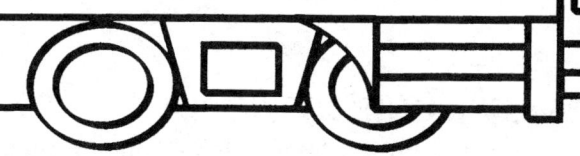

Nombre del niño/a _____ Nombre de uno de los padres _____

Building Blocks

www.bblocksonline.com

Juega a UNIR LOS COPOS DE NIEVE.
Con un crayón, conecta los copos de nieve. Usa un color distinto y conéctalos de forma diferente.

Camino al KINDER

Pregunta de la semana:
¿Cuál es tu canción favorita?

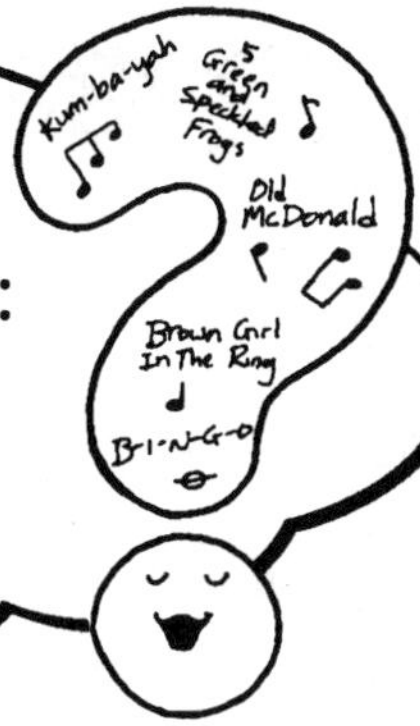

Febrero - Semana 1

Aprende y recita DIEZ MUÑEQUITOS DE NIEVE.

Cuenta de 1 a 10 mientras estás:

- Sentado/a
- De pie
- Acostado/a en el piso.
- Con los ojos cerrados.

1, 2, 3...

Brinca

Anda a gatas

Marcha

Camina

hacia atrás desde la cocina hasta la sala.

Busca alguien que te lea.

Calcos de corazones

Pide a tu mami o a tu papi que te corte un corazón pequeño de cartón. Ponlo debajo de una hoja de papel. Frota el papel con un crayón hasta que el corazón aparezca en el papel. Haz muchos corazones.

Nombre del niño/a _____   Nombre de uno de los padres _____

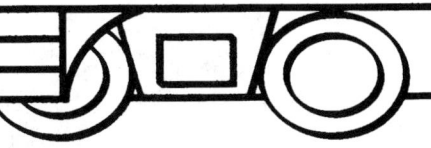

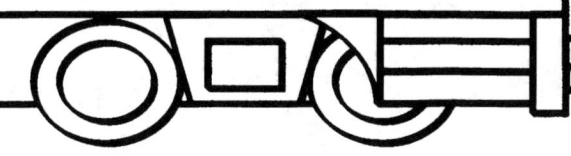

Building Blocks

www.bblocksonline.com

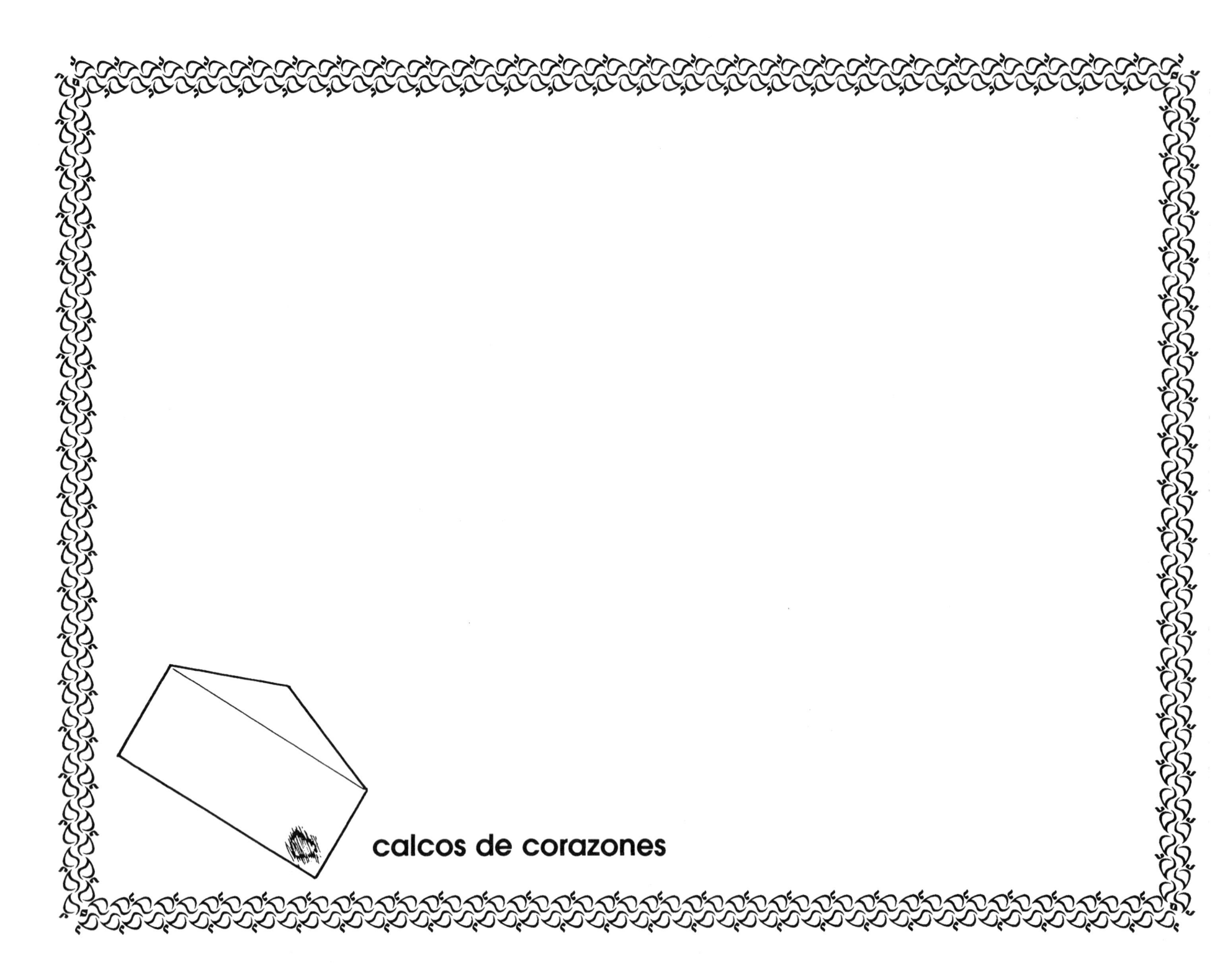

calcos de corazones

Camino al KINDER

Pregunta de la semana: ¿En qué ciudad vives? _____

CHICAGO, NEW YORK, IDABEL, FRESNO

Febrero - Semana 2

♪♫ Canta ABRAZOS Y BESOS. ♪♫

Di los nombres de todas las personas que tú quieres.

Mami, Papi, José

Cruza la sala rodando por el suelo y regresa de la misma manera.

Busca alguien que te lea.

Pide a tu mami o a tu papi que te corte un corazón pequeño de cartón. Ponlo en la hoja de papel y traza el contorno. Haz muchos corazones y coloréalos.

Nombre del niño/a _____ Nombre de uno de los padres _____

BUILDING BLOCKS

www.bblocksonline.com

51

Tracé algunos corazones.

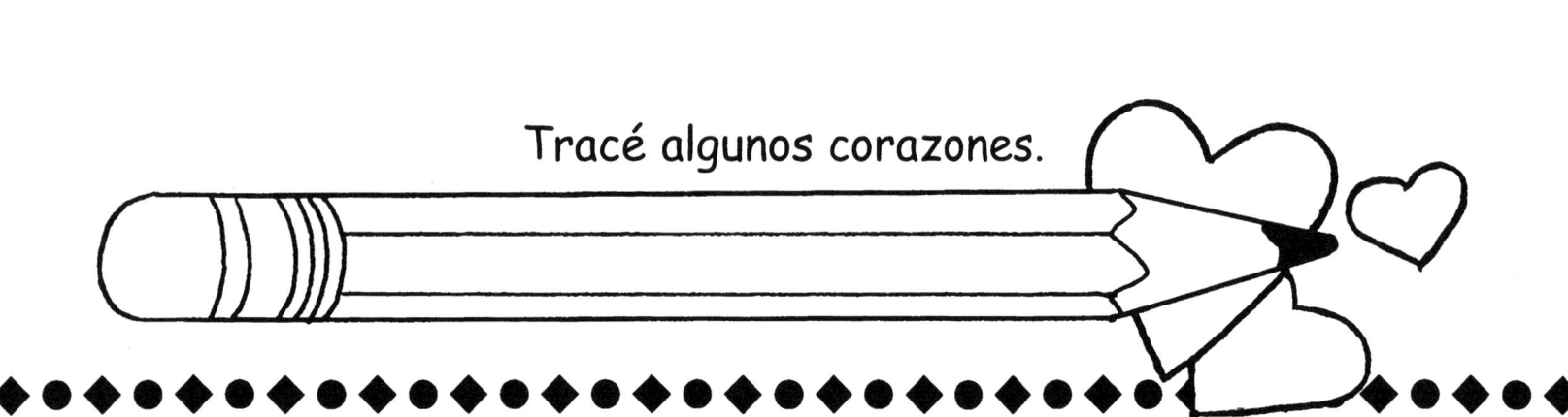

Camino al KINDER

Pregunta de la semana:
¿De qué color es tu casa o tu apartamento?
_____

Febrero - Semana 3

Aprende y recita LITTLE BO PEEP.

Busca una persona que sea 
____ más baja
____ más alta
que tú.

¿Quién es? _____

Coloca unas almohadas o unos cojines en el piso. Pasa rodando por encima de ellos y regresa de la misma manera.

Busca alguien que te lea.

Haz un dibujo de uno de tus amigos.

¿Cómo se llama?

Nombre del niño/a _____   Nombre de uno de los padres _____

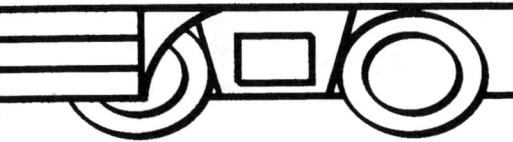

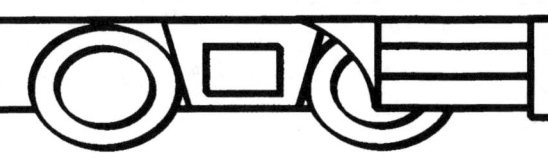

Building Blocks
www.bblocksonline.com

Éste es mi amigo/a. Se llama _____.

Camino al KINDER

Pregunta de la semana:
¿Cuál es tu talla de zapatos?
_____

Febrero - Semana 4

Aprende y recita EL MUÑECO DE NIEVE.

Haz el sonido de
- ___ el pito de un auto
- ___ el pito de un tren
- ___ un camión de bomberos
- ___ un silbido
- ___ la bocina de una bicicleta
- ___ la sirena de la policía

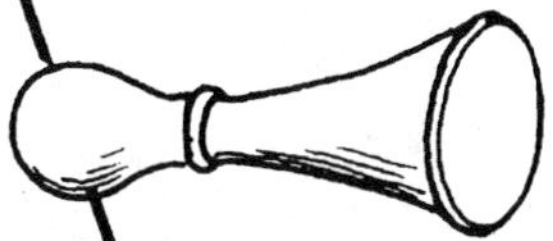

Arruga unas hojas de periódico y forma bolas. Lanza bolas de nieve con tus amigos.

Busca alguien que te lea.

JUEGO EXTRA
TIC-TAC-TOE

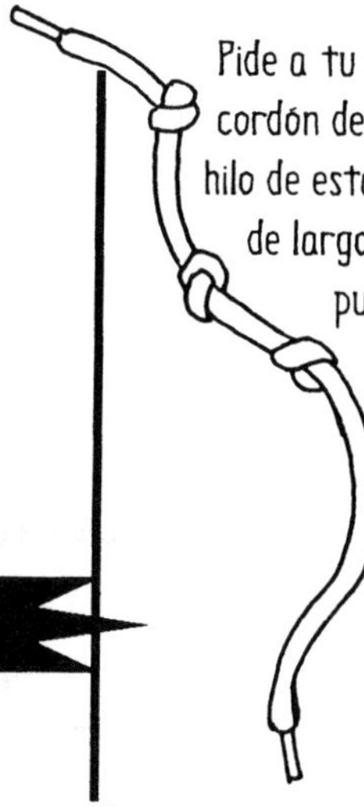

Pide a tu mami o a tu papi un cordón de zapatos viejo o un hilo de estambre de 12 pulgadas de largo. Crúzalo y pasa la punta por el círculo para hacer un nudo. Repite y mira cuántos nudos puedes atar.

Nombre del niño/a _____   Nombre de uno de los padres _____

Building Blocks
www.bblocksonline.com

TIC-TAC-TOE

Junta 8 tapas de botella. Con un marcador, marca una X en cada una de las 4 tapas y Os en las otras. Juega TIC-TAC-TOE con tus amigos.

Camino al KINDER

Pregunta de la semana:
¿Qué te gusta desayunar?

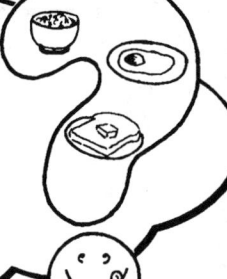

Marzo - Semana 1

Canta PEAS PORRIDGE HOT.

Arma un rompecabezas con alguien. ¿Cuántas piezas había?

Haz lo siguiente alrededor de la mesa de la cocina:
- Camina
- Salta
- Anda a gatas
- Marcha
- Patina

Busca alguien que te lea.

Recorta fotos de una revista o un catálogo. Pégalas en tu papel.

niños de hoy

En este número...

Nombre del niño/a _____   Nombre de uno de los padres _____

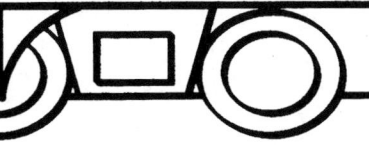

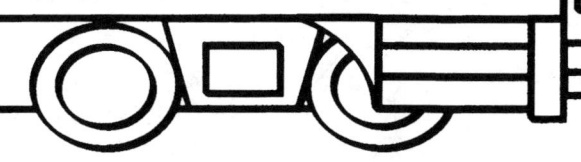

BUILDING BLOCKS

www.bblocksonline.com

Recorté fotos.

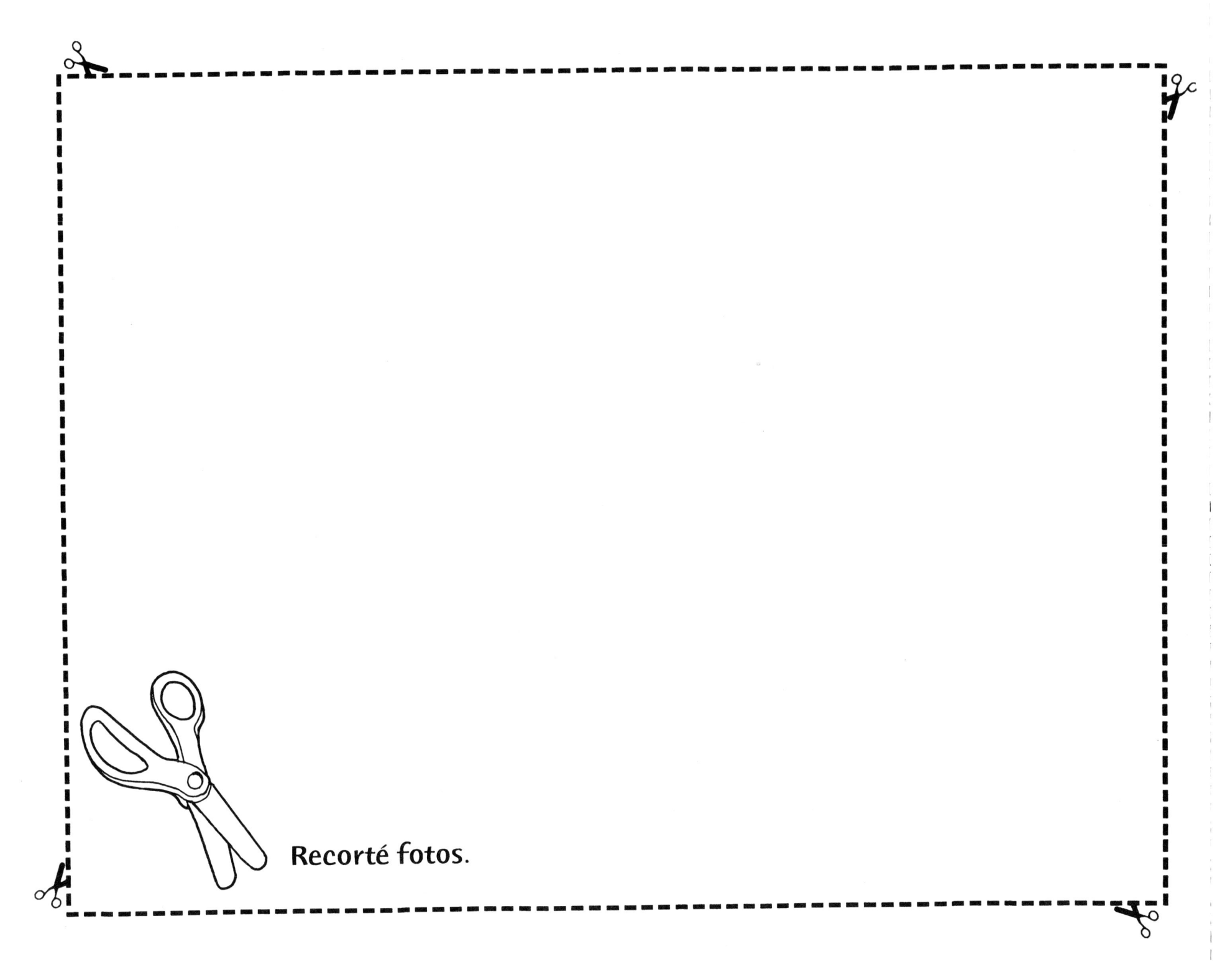

Camino al KINDER →

Pregunta de la semana: ¿Cuál es el nombre de tu mejor amigo/a? _____

Marzo - Semana 2

♪♪ Canta LA CANCIÓN DEL ALFABETO. ♪♪

En tu casa, cuenta:

___ los televisores

___ las lámparas

___ los interruptores de luz

___ las puertas

___ las sillas

Haz "jumping jacks" (Salta con las piernas extendidas y los brazos en el aire, unidos sobre la cabeza, luego salta con las piernas juntas y los brazos al lado de las piernas.)
¿Cuántos puedes hacer? ___ 5? ___ 10? ___ 15?

Busca alguien que te lea.

JUEGO EXTRA

OLLA DE ORO

Pide a tu mami o a tu papi unos "twist ties" (alambres de plástico que se tuercen para cerrar bolsas). Tuércelos y dóblalos para hacer varias cosas.

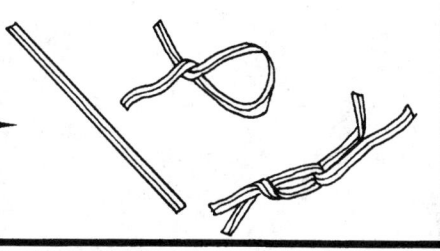

Nombre del niño/a _____   Nombre de uno de los padres _____

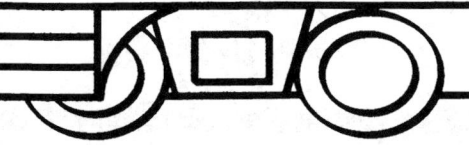

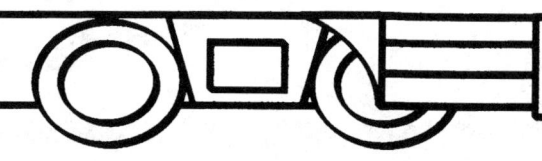

www.bblocksonline.com

Mira la OLLA DE ORO del duende. Busca las monedas. Cuéntalas.

Camino al KINDER

Pregunta de la semana: ¿Cuál es tu fruta favorita? _____

Marzo - Semana 3

♪♪ Canta THIS OLD MAN. ♪♪

Juega a TAPAR EL ALFABETO.

TAPAR EL ALFABETO	A	B	C	D	E
	F	G	H	I	J	L
	M	N	O	P	Q	R	S
	T	U	V	W	X	Y	Z

Pon música y trota en tu sitio hasta que termine la música.

Busca alguien que te lea.

Dibuja y colorea algunas cometas. Ponle cola a cada una.

Nombre del niño/a _____   Nombre de uno de los padres _____

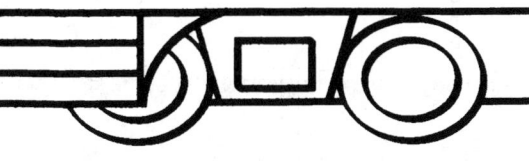

BUILDING BLOCKS

www.bblocksonline.com

TAPAR EL ALFABETO	A	B	C	D	E
F	G	H	I	J	K	L
M	N	O	P	Q	R	S
T	U	V	W	X	Y	Z

Al adulto: Dé a su hijo/a unas tapas de botella o unos botones. Diga una letra y haga que el niño la tape. Continúen diciendo letras y tapándolas.

TAPAR EL ALFABETO

	F	T	J	D	P
L	R	S	A	Z	N	G
U	B	H	I	O	C	Q
M	Y	E	W	X	K	V

Al adulto: Dé a su hijo/a unas tapas de botella o unos botones. Diga una letra y haga que el niño la tape. Continúen diciendo letras y tapándolas.

mis cometas

Camino al KINDER

Marzo - Semana 4

Pregunta de la semana:
¿Dónde viven tus abuelos?
_____

Aprende y recita
AQUÍ ESTÁ EL CONEJO.

Busca ropa de:
___ Lunares
___ Rayas
___ Cuadros
___ Ningún diseño

Juega a CHARADES
___ Péinate el pelo.
___ Cepíllate los dientes.
___ Ponte los zapatos.

Busca alguien que te lea.

¿Has visto un arco iris recientemente?
___ Sí
___ No

Nombre del niño/a _____   Nombre de uno de los padres _____

BUILDING BLOCKS
www.bblocksonline.com

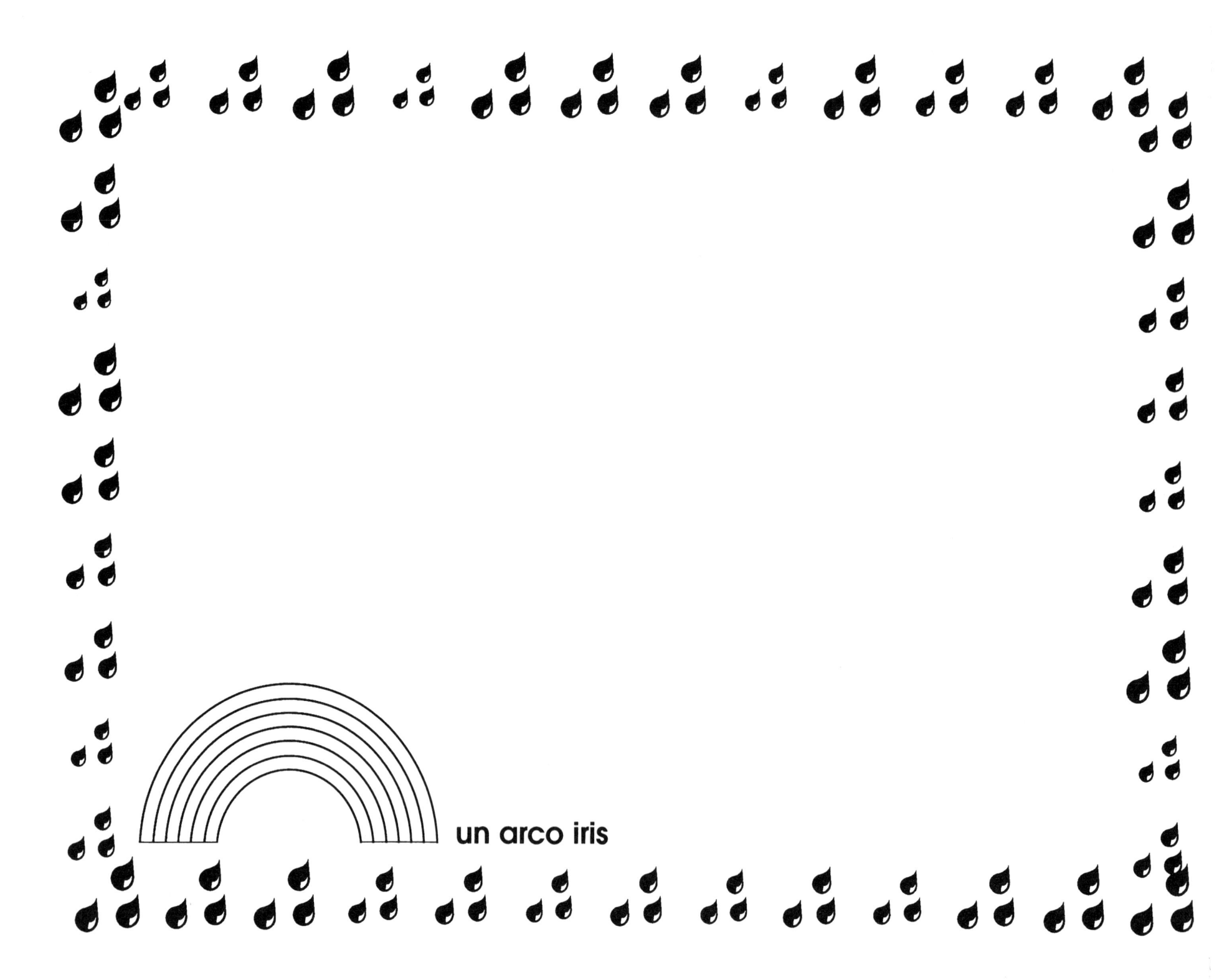

un arco iris

Camino al KINDER

Pregunta de la semana: ¿Qué tipo de mascota tienes o quieres tener? _____

Abril - Semana 1

♪♫ Canta BINGO. ♪♫

Juega a TAPAR LOS NÚMEROS.

1	2	3
4	5	6
7	8	9

Juega a atrapar una pelota de playa o de espuma.

Busca alguien que te lea.

Da un paseo por el patio o el jardín, y toca la textura de:
___ un ladrillo
___ la acera
___ la hierba
___ una corteza de árbol
___ las hojas

¿Cuál es la textura de todos? ¿Son desiguales? ¿Lisas? ¿Ásperas?

Nombre del niño/a _____ Nombre de uno de los padres _____

Building Blocks

www.bblocksonline.com

Juega a TAPAR LOS NÚMEROS

1	2	3
4	5	6
7	8	9

3	6	7
8	4	1
2	9	5

Al adulto: Dé a su hijo/a unas tapas de botella o unos botones. Diga un número y haga que el niño lo tape en cada hoja de juego. Jueguen hasta que todos los números estén tapados.

Camino al KINDER

Pregunta de la semana:
¿Qué verduras te gustan?
_____

Abril - Semana 2

Aprende y recita HUMPTY DUMPTY.

Menciona 2 cosas que sean:

_ Calientes   _ Frías
_ Grandes   _ Pequeñas
_ Rápidas   _ Lentas

sol
fuego
estufa

Juega a SIGUE MIS INSTRUCCIONES.
El adulto dice:

"Brinca de arriba abajo".

"Da palmadas".

"Vuélvete".

"Mantente en un pie".

Busca alguien que te lea.

JUEGO EXTRA

¿HAY ALGO MAL?

Frota las siguientes cosas con crayón en papel blanco.

__ Ladrillos
__ Acera
__ Corteza

Nombre del niño/a _____   Nombre de uno de los padres _____

Building Blocks

www.bblocksonline.com

69

¿HAY ALGO MAL? Mira con cuidado este dibujo de primavera para encontrar todas las cosas que están mal.

Camino al KINDER

Pregunta de la semana:
¿De qué color son las flores que más te gustan?

Abril - Semana 3

♪♫ Canta LLUVIA, LLUVIA. ♫♪

Juega a ¿QUÉ FALTA?
Al adulto: Ponga varios objetos encima de una mesa. Haga que el niño/a se tape los ojos. Quite un objeto. Haga que se destape los ojos.

Pregunte, "¿Qué falta?"

Jueguen hasta que ya no haya objetos en la mesa.

Anda galopando por todo el patio o por la acera de tu casa.

Busca alguien que te lea.

Haz un dibujo de las flores de primavera y coloréalo.

Nombre del niño/a _____   Nombre de uno de los padres _____

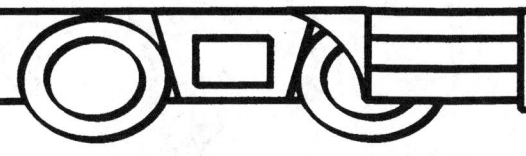

BUILDING BLOCKS

www.bblocksonline.com

flores de primavera

Camino al KINDER

Pregunta de la semana:
¿Alguna vez has volado en avión?
__ Sí __ No.

Abril - Semana 4

♪♫ Canta OLD MacDONALD. ♫♪

Muestra cómo te ves cuando te sientes:
- __ Triste
- __ Contento/a
- __ Enojado/a
- __ Con miedo
- __ Con sueño
- __ Sorprendido/a
- __ Preocupado/a

Visita un parque infantil. ¿Jugaste en:
- __ Los columpios?
- __ El rodadero?
- __ La estructura de barras?

Busca alguien que te lea.

Haz un dibujo de un día de lluvia. Explícaselo a otra persona.

Nombre del niño/a _____ Nombre de uno de los padres _____

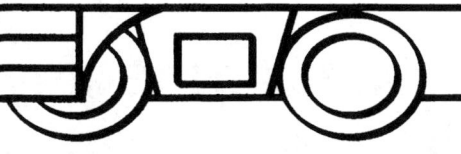

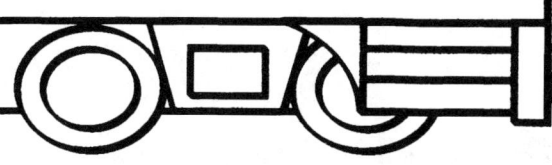

Building Blocks
www.bblocksonline.com

un día de lluvia

Camino al KINDER

Pregunta de la semana:
¿Cómo se llama tu mamá?
_____

Mayo - Semana 1

Aprende y recita
HABÍA UNA TORTUGUITA.

Di 3 cosas sobre:

_ Un conejo

_ Una tortuga

_ Un pato

_ Una rana

Juega a ¿ME DAS PERMISO, MAMÁ?

Al adulto: Su hijo/a se para de pie a 15 pies de distancia. El niño pregunta, "Mamá, me das permiso para dar 3 pasos largos?" El adulto contesta, "Sí, te doy permiso." El niño lo hace. O el adulto contesta, "No, no te doy permiso. Da 4 saltitos". El niño lo hace. Continúen con diferentes tipos de pasos. Cuando su hijo/a llegue a donde usted, ¡déle un ABRAZOTE!

¿ME DAS PERMISO, MAMÁ?

Busca alguien que te lea.

Haz un dibujo de tu mamá y coloréalo.

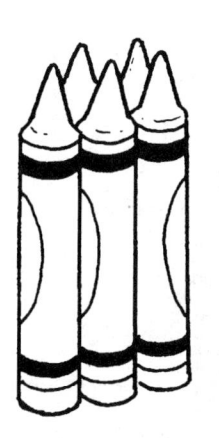

Nombre del niño/a _____   Nombre de uno de los padres _____

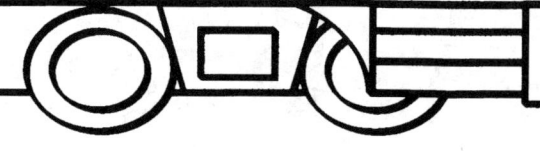

Building Blocks

www.bblocksonline.com

mi mamá

Camino al KINDER

Pregunta de la semana: ¿Cuántas ruedas tiene tu bicicleta? _____

Mayo - Semana 2

Canta FIVE LITTLE DUCKS.

Señala con el dedo y lee todos los números en tu teléfono. Practica con tu mami y/o tu papi cómo se dice tu número de teléfono.

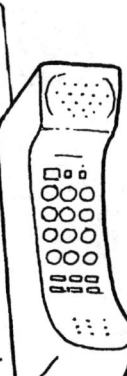

Patea una pelota por todo el patio.

Busca alguien que te lea.

JUEGO EXTRA
BÚSQUEDA DE MARIPOSAS

Llena unos atomizadores con agua y juega con ellos afuera.

Nombre del niño/a _____   Nombre de uno de los padres _____

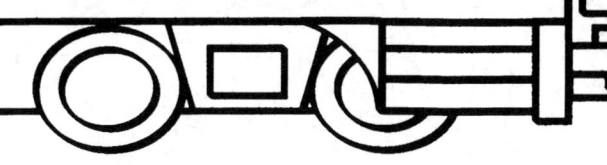

www.bblocksonline.com

BÚSQUEDA DE MARIPOSAS Mira este dibujo de primavera y encuentra todas las mariposas.

Camino al KINDER

Mayo - Semana 3

Pregunta de la semana: ¿Cuál es el tipo de paleta que más te gusta?
_____

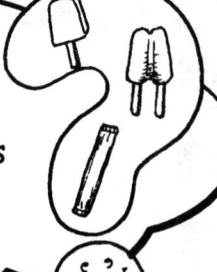

Recita DOS PEQUEÑOS MIRLOS.

Di el nombre de dos animales que:
- Nadan
- Vuelan
- Saltan
- Corran

Pide a alguien que te tire una pelota rodando y devuélvesela con una patada. Sigan jugando así.

Busca alguien que te lea.

JUEGO EXTRA

¿QUÉ FALTA?

Acuéstate en la acera y pídele a tu mami o a tu papi que te tracen los contornos de tu cuerpo. Luego puedes pintar los ojos, la nariz, la boca, el pelo, las orejas, la ropa, etc.

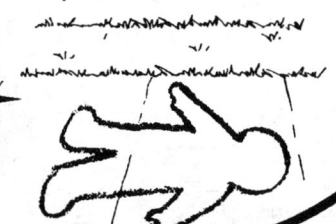

Nombre del niño/a _____ Nombre de uno de los padres _____

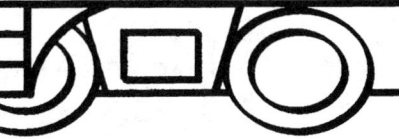

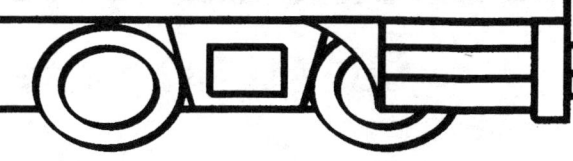

www.bblocksonline.com

¿QUÉ FALTA? Mira estos dibujos de días calurosos para encontrar lo que falta en cada uno.

Camino al KINDER

Pregunta de la semana: ¿Cuántas personas viven en tu casa?
_____

Mayo - Semana 4

Aprende y recita CINCO GOLONDRINAS.

Traza los contornos de tus manos. A continuación, pídele a tu mami o a tu papi que escriba un número en cada dedo o escríbelo tú.

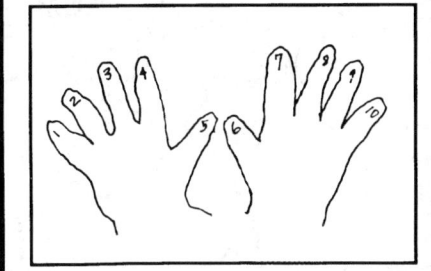

Salta por encima de las grietas de la acera o de la entrada de tu casa.

Busca alguien que te lea.

JUEGO EXTRA

AYUDA A LOS PATITOS A ENCONTRAR A SU MAMÁ

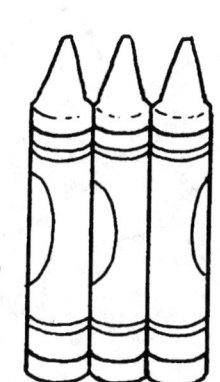

Haz el dibujo de un árbol cerca de tu casa y coloréalo.

Nombre del niño/a _____ Nombre de uno de los padres _____

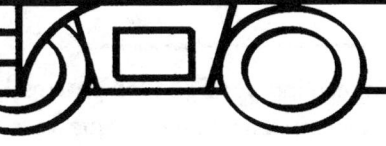

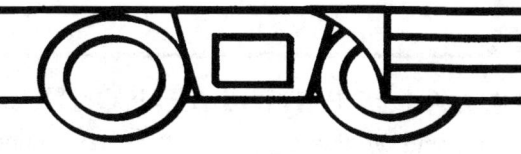

www.bblocksonline.com

AYUDA A LOS PATITOS A ENCONTRAR A SU MAMÁ Con el dedo índice, encuentra el camino para que los patitos lleguen adonde está su mamá. Vuelve a jugar. ¿Hay otro camino para llegar adonde la mamá pata? Saluda a todos los amigos animales que veas por el camino.

un árbol

mis manos

Camino al KINDER

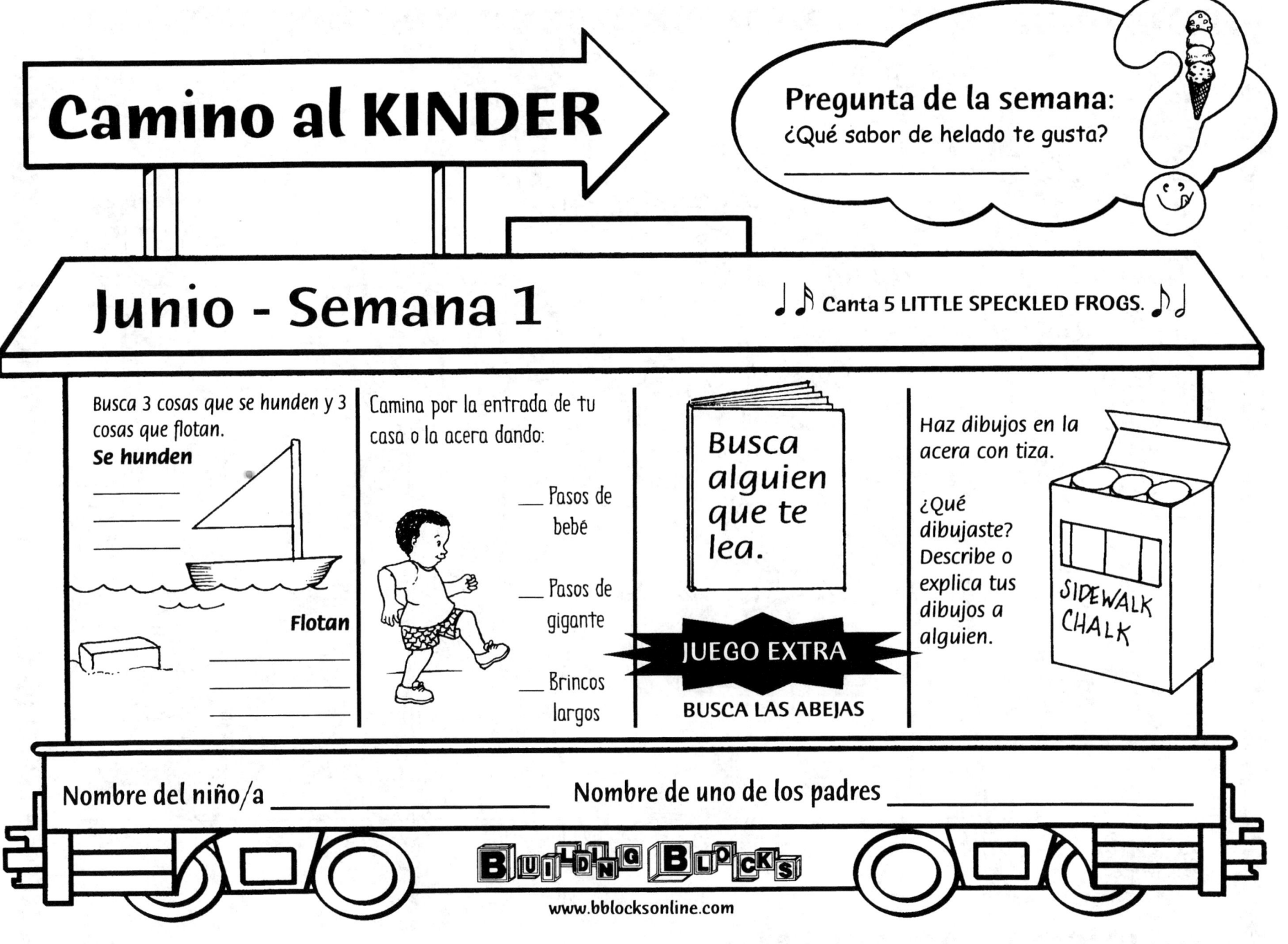

Pregunta de la semana: ¿Qué sabor de helado te gusta? _____

Junio - Semana 1

♪♫ Canta 5 LITTLE SPECKLED FROGS. ♪♫

Busca 3 cosas que se hunden y 3 cosas que flotan.

Se hunden
_____
_____
_____

Flotan
_____
_____
_____

Camina por la entrada de tu casa o la acera dando:

___ Pasos de bebé

___ Pasos de gigante

___ Brincos largos

Busca alguien que te lea.

JUEGO EXTRA

BUSCA LAS ABEJAS

Haz dibujos en la acera con tiza.

¿Qué dibujaste? Describe o explica tus dibujos a alguien.

SIDEWALK CHALK

Nombre del niño/a _____   Nombre de uno de los padres _____

Building Blocks

www.bblocksonline.com

BUSCA LAS ABEJAS *Mira el dibujo con cuidado y señala con el dedo todas las abejas.*

Camino al KINDER

Pregunta de la semana:
¿Cómo se llama tu papá?
_____

Junio - Semana 2

Canta THE FARMER IN THE DELL. ♪

¿Qué sonido hacen estos animales? Hazlo tú.

__ Perro
__ Gato
__ Vaca
__ Rana
__ Pato
__ Culebra
__ Caballo
__ Gallina
__ Búho
__ Gallo
__ Pavo

Camina por la entrada o la acera de tu casa:
__ de costado
__ en puntillas
__ en los talones

Busca alguien que te lea.

Haz y colorea un dibijo de tu papá.

Nombre del niño/a _____   Nombre de uno de los padres _____

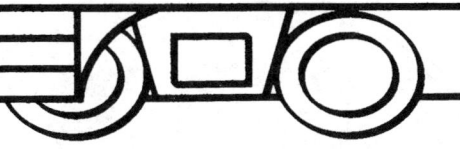

Building Blocks
www.bblocksonline.com

mi papá

Camino al KINDER

Pregunta de la semana:
¿Adónde te gustaría ir de viaje?
_____

Junio - Semana 3

Aprende y recita LITTLE MISS MUFFET.

Busca y lee el número de tu casa.

Juega a TIRAR Y COGER una pelota con alguien.

Busca alguien que te lea.

Llena un atomizador con agua. Rocíate el agua en los pies, los dedos de los pies, los brazos, las manos y las rodillas.

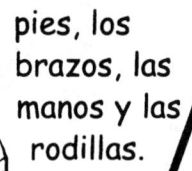

JUEGO EXTRA

BUSCA LOS ANIMALES DE MAR

Nombre del niño/a _____   Nombre de uno de los padres _____

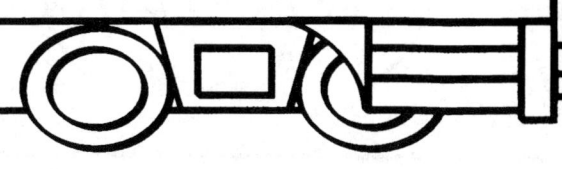

Building Blocks

www.bblocksonline.com

BUSCA LOS ANIMALES DE MAR Busca todos los animales de mar que se esconden en este dibujo. Di el nombre de cada uno a medida que los vayas encontrando.

Camino al KINDER

Pregunta de la semana:
¿Qué te gustaría hacer en el verano?
_____

Junio - Semana 4

Aprende y recita EL HUEVO.

Cuéntale a alguien de tu programa de televisión favorito.

Con una pareja, juega a la pelota con un globo lleno de agua.

Busca alguien que te lea.

Haz un dibujo de tu bicicleta.

¿De qué color es?

Nombre del niño/a _____   Nombre de uno de los padres _____

BUILDING BLOCKS

www.bblocksonline.com

mi bicicleta

MI DIARIO DE VERANO

por _____

Jugué con mi amigo/a _____.

Jugué _____.

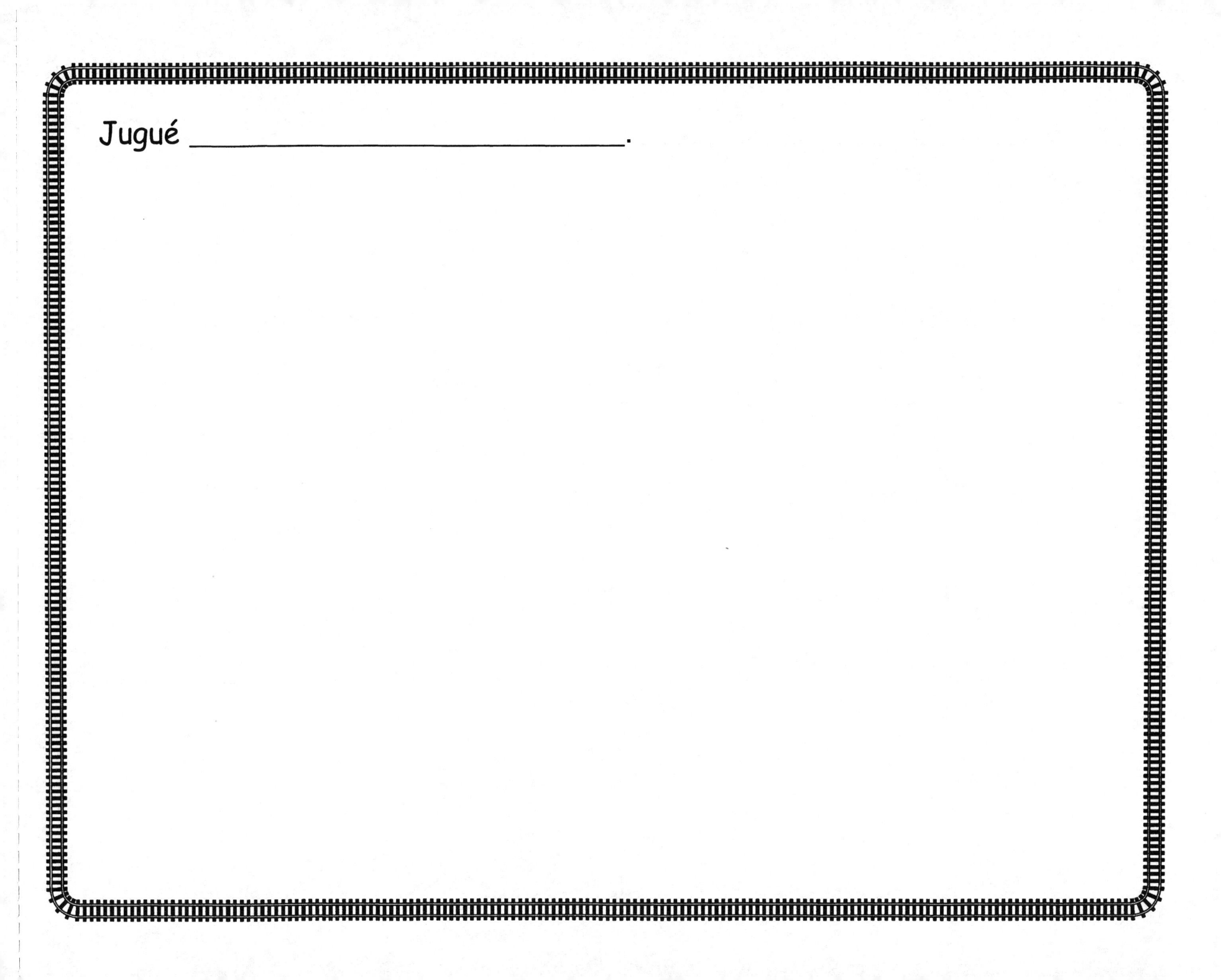

Fui a _____.

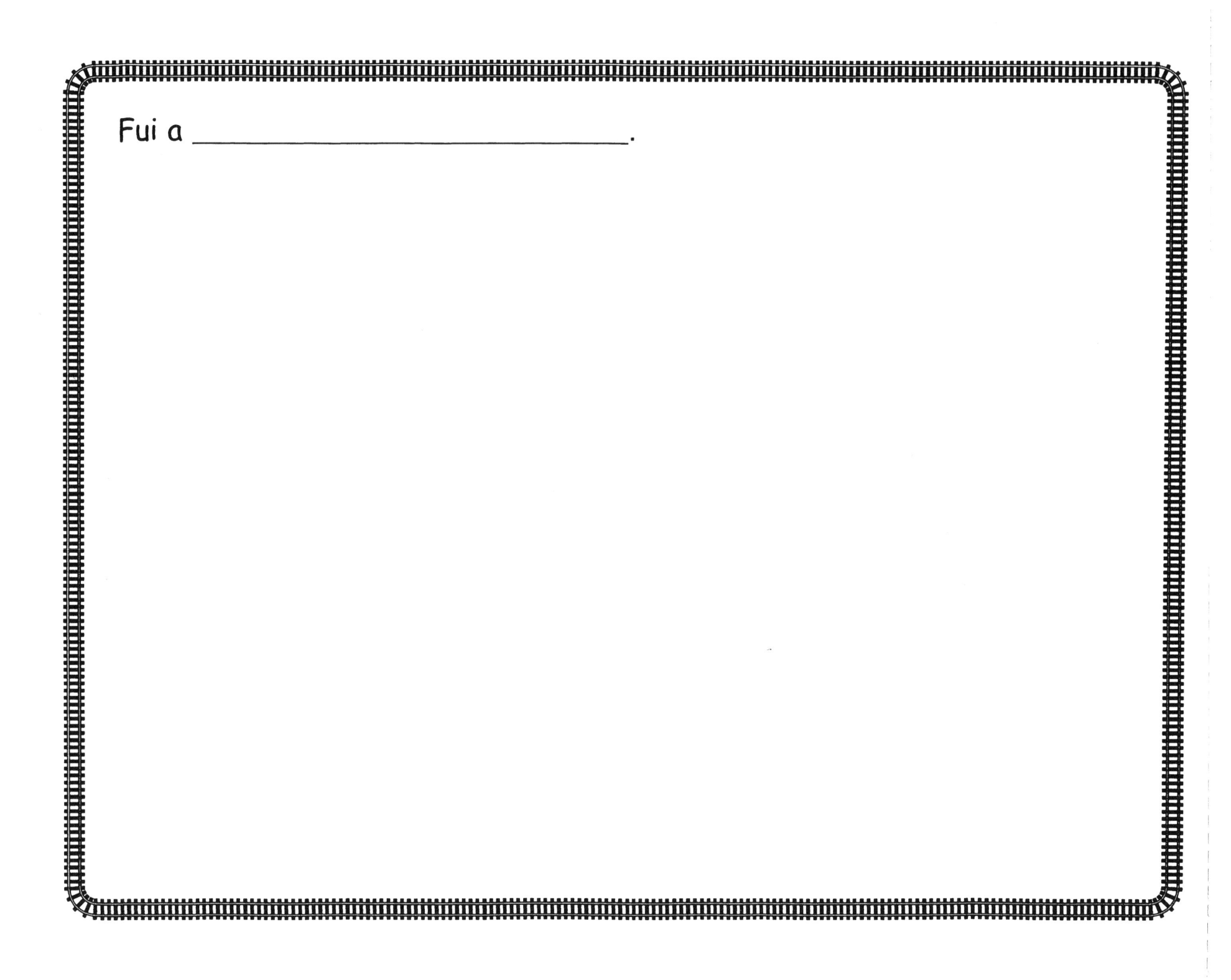

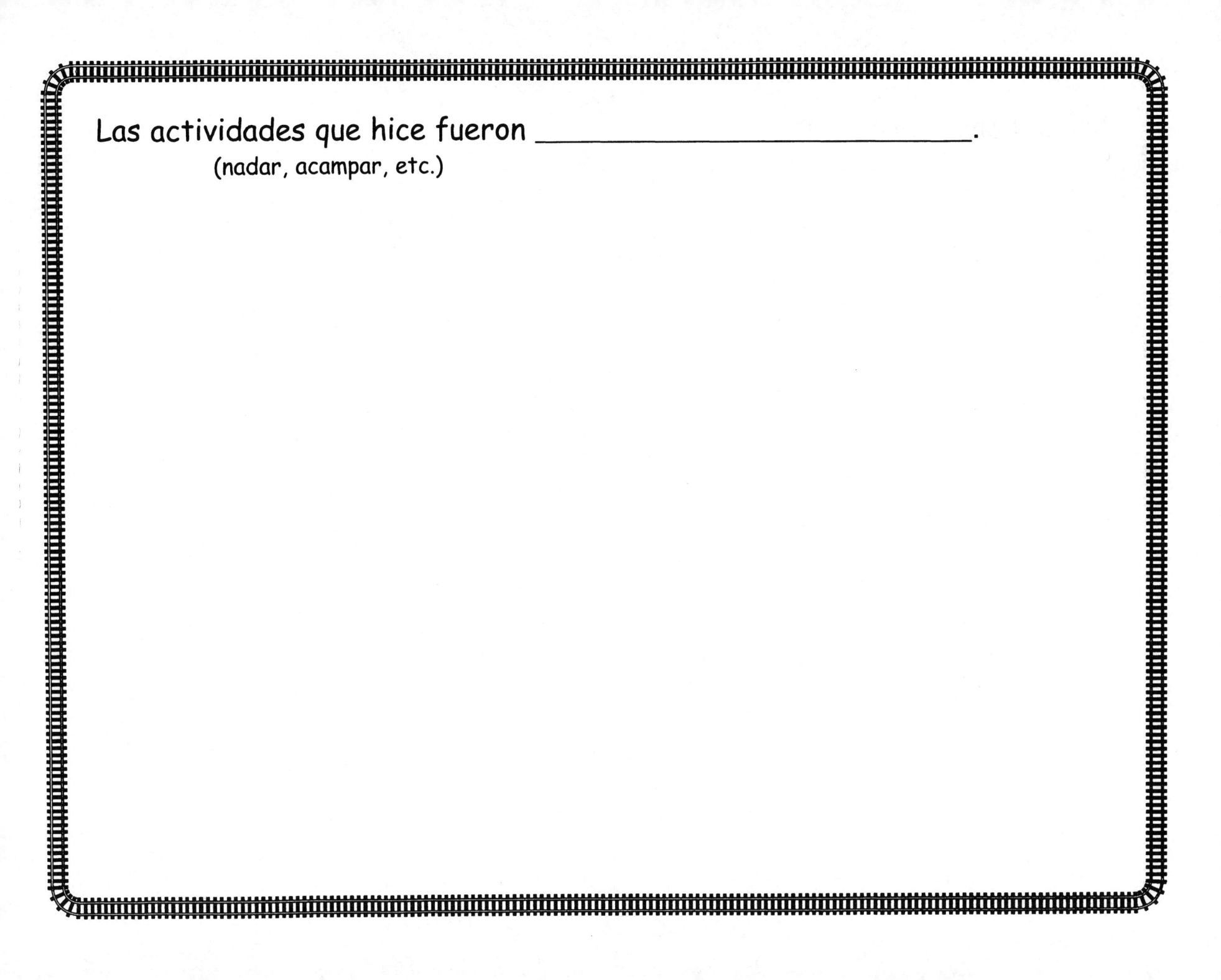

Las actividades que hice fueron _____.
   (nadar, acampar, etc.)

Leí un libro sobre _____.

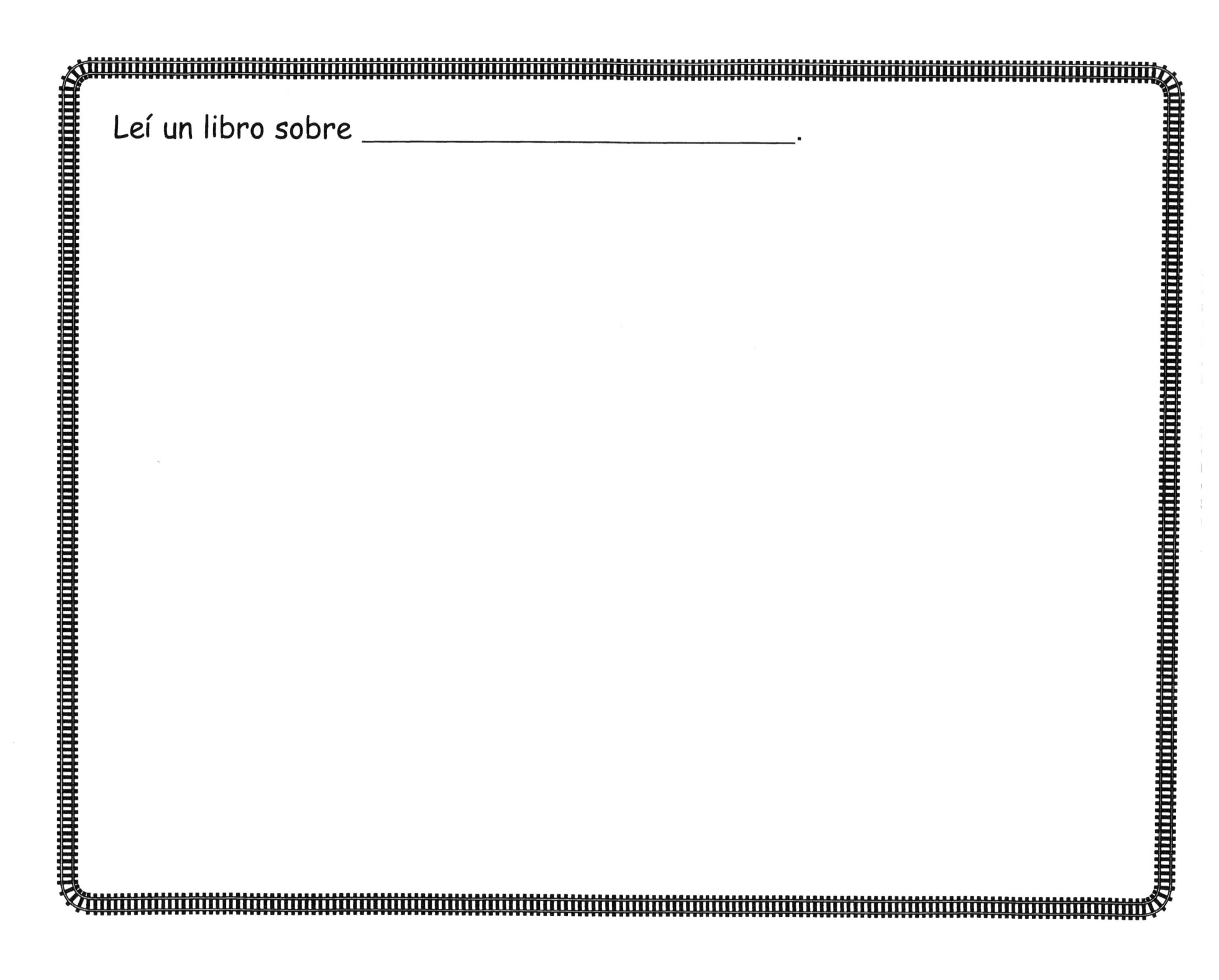

Ayudé a mami o a papi a _____.

Hice un/a _____.

Vi _____.

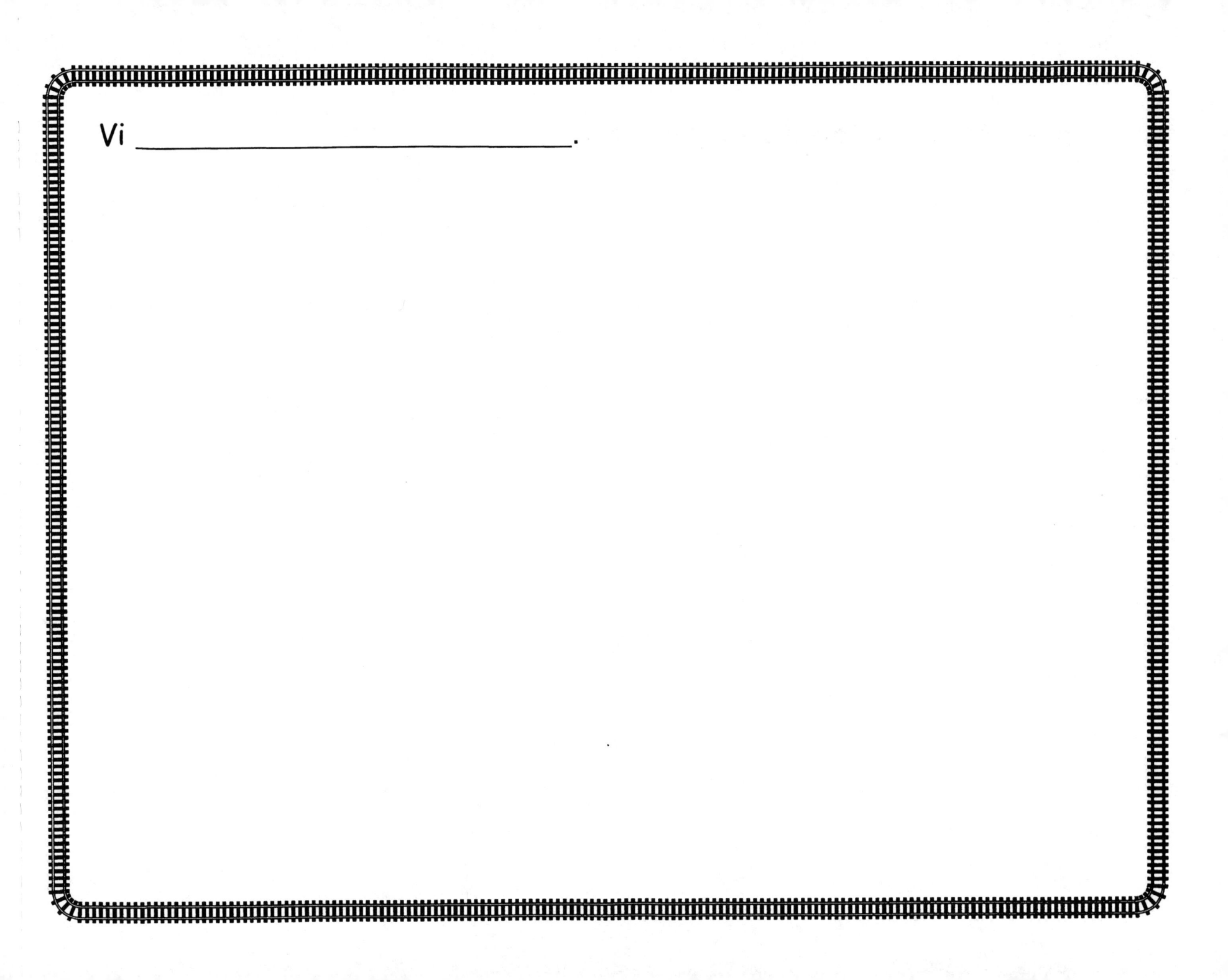

Lo que más me gustó este verano fue _____.

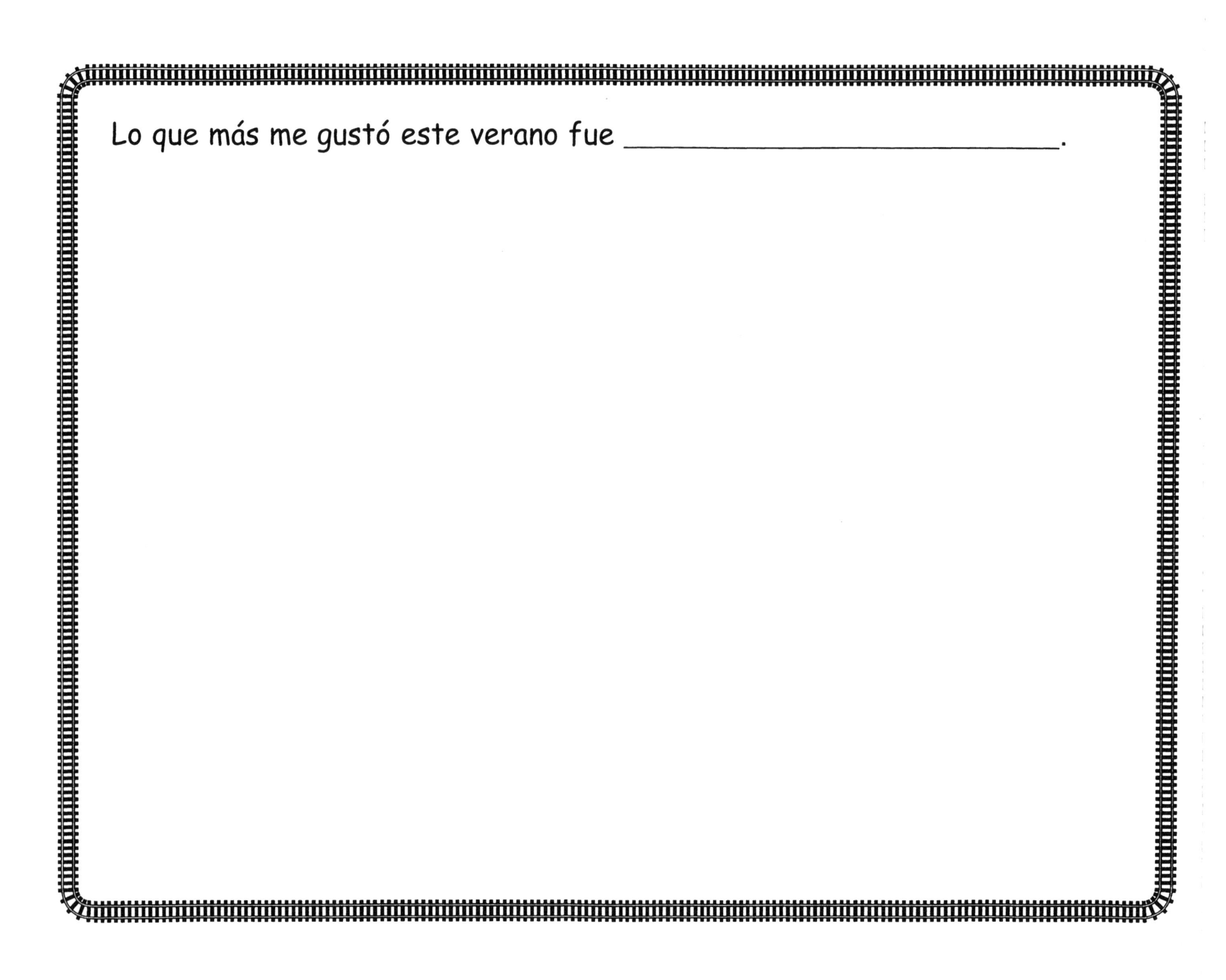

Canciones y rimas

Hojas secas
(Autumn Leaves)

Las hojas secas ya se caen,

ya se caen, ya se caen.

Rojas y amarillas hojas,

ya se caen,

ya se caen.

La canción del alfabeto

A, B, C, D, E, F, G,

H, I, J, K, L, M, N, O, P,

Q, R, S,

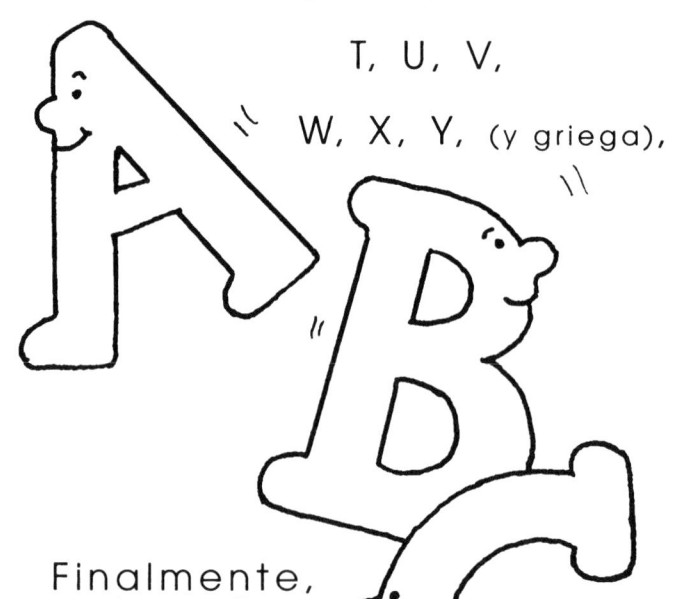

T, U, V,

W, X, Y, (y griega),

Finalmente, viene Z,

Ya conozco cada letra.

BINGO

Granjero había

Y perro tenía

Y BINGO se llamó.

B-I-N-G-O, B-I-N-G-O, B-I-N-G-O,

¡BINGO se llamó!

EENSY-WEENSY SPIDER

Eensy-Weensy spider
Went up the water spout.

Down came the rain
And washed the spider out.

Out came the sun
And dried up all the rain.

And the eensy-weensy
spider
Crawled up the
spout again.

THE FARMER IN THE DELL

The farmer in the dell,
The farmer in the dell,
Heigh-ho the derry-o,
The farmer in the dell.

Continue:

The farmer takes a wife...

The wife takes a child...

The child takes a nurse...

The nurse takes a dog...

The dog takes a cat...

The cat takes a rat...

The rat takes the cheese...

The cheese stands alone...

CINCO GOLONDRINAS

5 golondrinas
Mirando al gato.
Se va volando una
Y ahora hay cuatro.

Golondrina, golondrina,
Muy linda, muy fina.
Golondrina, golondrina,
Ya se va volando.

4 golondrinas
Sentadas a la vez.
Se va volando una
Y ahora hay tres.

Golondrina, golondrina,
Muy linda, muy fina.
Golondrina, golondrina,
Ya se va volando.

3 golondrinas
Comiendo arroz.
Se va volando una
Y ahora hay dos.

Golondrina, golondrina,
Muy linda, muy fina.
Golondrina, golondrina,
Ya se va volando.

2 golondrinas
Cantando a la luna.
Una ya se va
Y no más se queda una.

Golondrina, golondrina,
Muy linda, muy fina.
Golondrina,
golondrina,
Ya se va volando.

1 golondrina
Probando su fortuna,
Se va volando ella
¡Y ya no hay ninguna!

Golondrina, golondrina,
Muy linda, muy fina.
Golondrina,
golondrina,
Ya se va volando.

FIVE LITTLE DUCKS

Five little ducks went swimming one day,
(Put up 5 fingers.)
Over the pond and far away.
Mother Duck said, "Quack, quack, quack"
Four little ducks came swimming back.

Four little ducks went swimming one day,
(Put up 4 fingers.)
Over the pond and far away.
Mother Duck said, "Quack, quack, quack."
Three little ducks came swimming back.

Three little ducks went swimming one day,
(Put up 3 fingers.)
Over the pond and far away.
Mother Duck said, "Quack, quack, quack."
Two little ducks came swimming back.

Two little ducks went swimming one day,
(Put up 2 fingers.)
Over the pond and far away.
Mother Duck said, "Quack, quack, quack."
One little duck came swimming back.

One little duck went swimming one day,
(Put up 1 finger.)
Over the pond and far away.
Mother Duck said, "Quack, quack, quack."
No little ducks came swimming back.

Five little ducks came back one day,
(Put up 5 fingers.)
Over the pond and far away.
Mother Duck said, "Quack, quack, quack."
All five ducks came swimming back. (Clap!)

Cinco calabazas

(Five Little Pumpkins)

Cinco calabazas sentadas en el muro.

Dijo la primera: ¡Ay, qué oscuro!

(Levanta el meñique.)

Dijo la segunda: Eso sí me gusta.

(Levanta el dedo siguiente.)

Dijo la tercera: Eso me asusta.

(Levanta el dedo siguiente.)

Dijo la cuarta: Corramos en seguida.

(Levanta el cuarto dedo.)

Dijo le quinta: ¡Qué noche divertida!

(Levanta el pulgar.)

Vino el aire, llorando y gimiendo,

Y las cinco calabazas se fueron corriendo.

(Pon la mano detrás de la espalda.)

FIVE LITTLE SPECKLED FROGS

Five little speckled frogs, sat on a speckled log,
   (Hold up five fingers.)

Catching some most delicious bugs, yum-yum.

One jumped into the pool,
where it was nice and cool.

And there were 4 green speckled frogs, glub-glub.

Four little speckled frogs, sat on a speckled log...
   (Four fingers.)

Three little speckled frogs, sat on a speckled log...
   (Three fingers.)

Two little speckled frogs, sat on a speckled log...
   (Two fingers.)

One little speckled frogs,
sat on a speckled log...
   (One finger.)

No little speckled frogs,
sat on a speckled log...
   (Fist.)

GOBBLE, GOBBLE, TURKEY

Gobble, gobble turkey
Walks around.

Gobble, gobble turkey
Makes a funny
sound.

AQUÍ ESTÁ EL CONEJO

Aquí está un conejo.
   (Levanta el puño.)

El de muy famosa oreja.
   (Levanta y dobla los dedos índice y medio.)

Aquí está su hoyo

En el suelo.
   (Pon la otra mano en
   la cadera, formando
   un hoyo con el brazo.)

Cuando oye un ruido

Aguza el oído.
   (Endereza los dedos índice y medio.)

Y se mete en el hoyo

En el suelo.
   (Mete el conejo
   en el hoyo.)

HEY DIDDLE DIDDLE

Hey diddle diddle,

The cat and the fiddle.

The cow jumped over the moon.

The little dog laughed
to see such a sport.

And the dish ran away

With the spoon.

HICKORY, DICKORY, DOC

Hickory, Dickory, Doc

The mouse ran up the clock.

The clock struck one.

The mouse ran down.

Hickory, Dickory, Doc.

(Repeat having the clock strike different numbers.)

HUMPTY DUMPTY

Humpty Dumpty sat on the wall.

Humpty Dumpty had a great fall.

All the king's horses and

All the king's men.

Couldn't put
Humpty

Together
again.

SOY UN MUÑEQUITO DE NIEVE

(tune: I'm a Little Teapot)

Soy un muñequito de nieve,
Gordo y bajo.

Tengo mi sombrero.
Tengo mi palo.

Al brillar el sol,
Me voy derritiendo.

Me voy,
    me voy,
        me voy.

¡Ay, ahora charco soy!

JACK AND JILL

Jack and Jill went up the hill
To get a pail of water.

Jack fell down
and broke his crown
And Jill came
tumbling after.

JACK BE NIMBLE

Jack be nimble!

Jack be quick!

Jack jump over the candlestick.

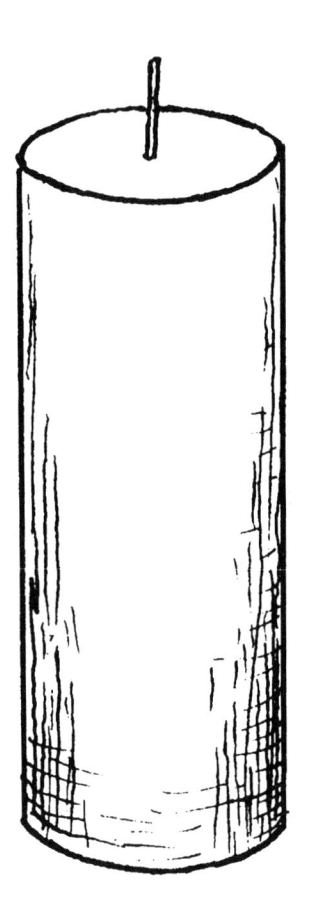

JINGLE BELLS

Jingle bells, jingle bells
Jingle all the way.

Oh what fun it is to ride
In a one horse open sleigh.

Jingle bells, jingle bells
Jingle all the way.

Oh what fun it is to ride
In a one horse open sleigh.

LITTLE BO PEEP

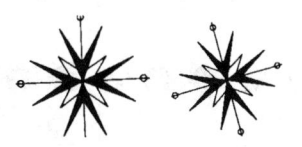

Little Bo Peep has lost her sheep,

And doesn't know where to find them.

Leave them alone and they will come home,

Wagging their tails behind them.

MARY HAD A LITTLE LAMB

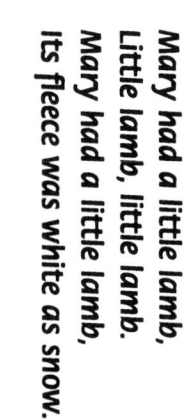

Mary had a little lamb,
Little lamb, little lamb.
Mary had a little lamb,
Its fleece was white as snow.

It followed her to school one day,
School one day, school one day.
It followed her to school one day
Which was against the rules.

It made the children laugh and play,
Laugh and play, laugh and play.
It made the children laugh and play
To see a lamb at school.

And so the teacher turned it out,
Turned it out, turned it out.
And so the teacher turned it out,
But still it lingered there.

What makes the lamb love Mary so
Mary so, Mary so?
What makes the lamb love Mary so?
The eager children cry.

Why Mary loves the lamb you know,
Lamb you know, lamb you know.
Why Mary loves the lamb you know,
The teacher did reply.

¿Conoces al panadero?

(Do You Know the Muffin Man?)

¿Conoces al panadero,

Al panadero, al panadero?

¿Conoces al panadero

Que vive en la vecindad?

Sí, conocemos al panadero,

Al panadero, al panadero.

Sí, conocemos al panadero

Que vive en la vecindad.

Damos vueltas al álamo

(Here We Go 'Round the Mulberry Bush)

Damos vueltas al álamo,

Al álamo, al álamo,

Damos vueltas al álamo,

Por la mañanita.

Lunes	Mira cómo lavamos la ropa...
Martes	Mira cómo planchamos la ropa...
Miércoles	Mira cómo remendamos la ropa...
Jueves	Mira cómo barremos el piso...
Viernes	Mira cómo fregamos el piso...
Sábado	Mira cómo lavamos los platos...
Domingo	Mira cómo jugamos en el patio...

OLD McDONALD HAD A FARM

Old McDonald had a farm,
E - I - E - I - O.
And on this farm he had a dog,
E - I - E - I - O.

With an arf-arf here,
And an arf-arf there.
Here an arf, there an arf,
Everywhere an arf-arf.
Old McDonald had a farm,
E - I - E - I - O.

And on this farm he had some ducks, E - I - E - I - O.
With a quack-quack here, and a quack-quack there.
Here a quack, there a quack,
Everywhere a quack-quack.
Old McDonald had a farm, E - I - E - I - O.

Continue:
Cows – moo-moo
Pigs – oink-oink
Horses – neigh-neigh
Cats – meow-meow

PEAS PORRIDGE HOT

Peas porridge hot,

Peas porridge cold,

Peas porridge in the pot,

Nine days old.

Some like it hot,

Some like it cold,

Some like it in the pot,

Nine days old.

El regalo (The Present)

Aquí hay un regalo,

Envuelto muy bonito. (Muestra el puño.)

¿Qué habrá adentro?

No sé yo. (Encógete de hombros.)

¿Qué habrá adentro, piensas tú?

LLUVIA, LLUVIA

Lluvia, lluvia, fuera de aquí.
Lluvia, no me gustas a mí.

Lluvia, lluvia, vete ya.
Contigo yo no puedo jugar.

EL MUÑECO DE NIEVE

El muñeco de nieve es redondo.
  (Haz un círculo con los brazos.)
El muñeco de nieve es gordo.
  (Ponte gordo.)
Tiene nariz de zanahoria.
  (Toca la nariz.)
Y un sombrero raro.
  (Toca la cabeza.)

OSITO, OSITO

Osito, osito, da la vuelta.
  (Da la vuelta.)
Osito, osito, toca el suelo.
  (Toca el suelo.)

Osito, osito, las manos arriba.
  (Extiende las manos hacia arriba.)
Osito, osito, toca el cielo.
  (Ponte de puntillas y estírate.)

Osito, osito, la luz apaga.
  (Apaga la luz.)
Osito, osito, mete en cama.
  (Cierra los ojos.)

Diez calabazas

(Ten Little Pumpkins)

Una, dos y tres calabazas,

Cuatro, cinco y seis calabazas,

Siete, ocho y nueve calabazas,

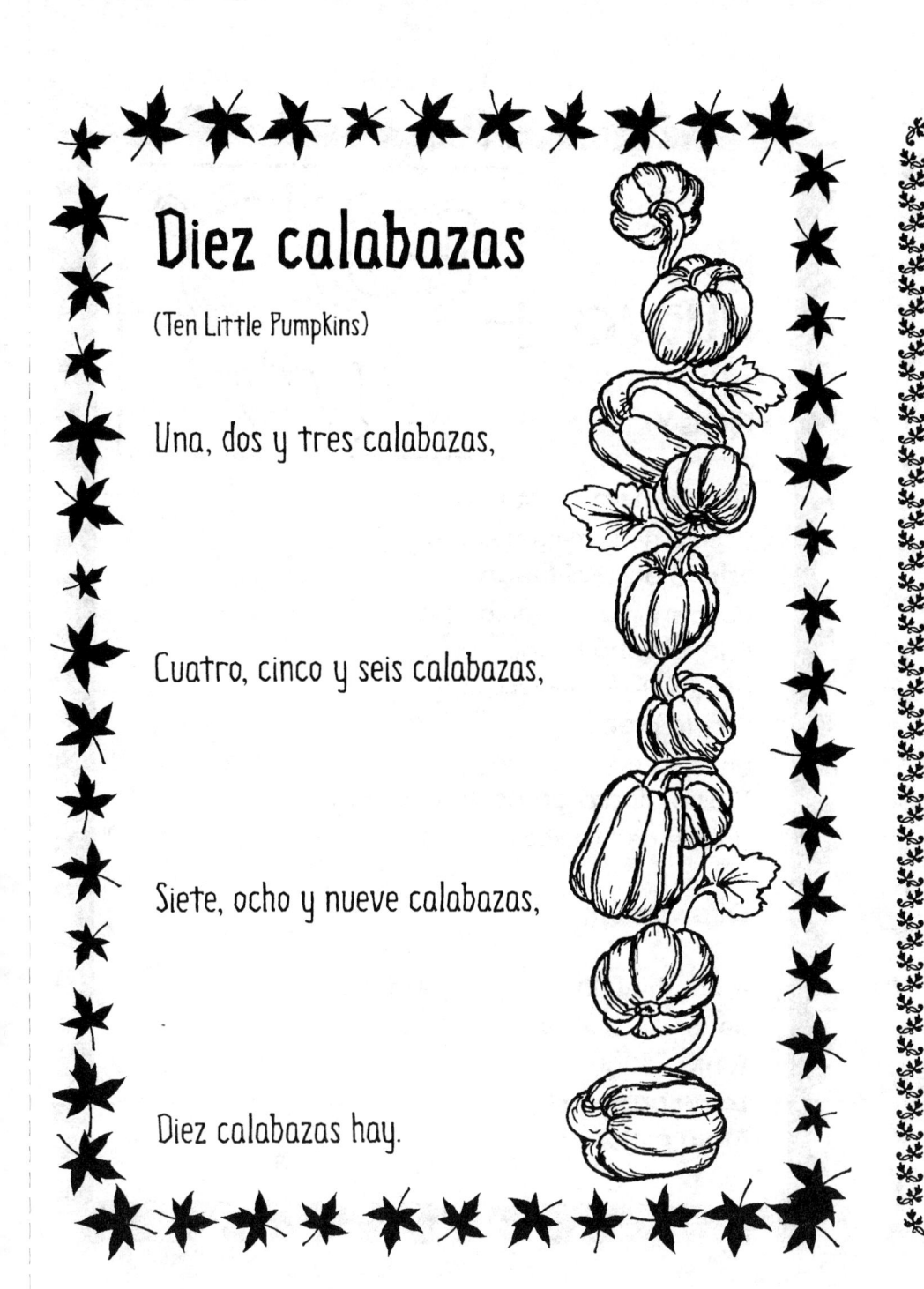

Diez calabazas hay.

DIEZ MUÑEQUITOS DE NIEVE

Uno, dos y tres muñequitos.

(Levanta 3 dedos.)

Cuatro, cinco y seis muñequitos.

(Levanta 3 dedos más.)

Siete, ocho, nueve muñequitos.

(Levanta 3 dedos más.)

Diez muñequitos de nieve.

(Levanta el último dedo.)

LA TORTUGUITA

Había una tortuguita,
Y en una caja vivía.
En un charco ella nadaba.
Y en las rocas ella subía.

Se lanzó a una pulga.
Y a un pececillo, sí.
Se lanzó a una mosca,
Y hasta se lanzó a mí.

Atrapó a la pulga,
Y al pececillo, sí.
Atrapó a la mosca,
¡Mas no me atrapó a mí!

EL HUEVO
(THIS LITTLE PIGGY)

Éste compró un huevo.
(Toca el dedo meñique del pie.)
Éste lo puso al fuego.
(Toca el próximo dedo del pie.)
Éste le echó la sal.
(Toca el dedo de la mitad.)
Éste lo probó.
(Toca el dedo siguiente.)
Y éste pícaro gordo se lo comió.
(Toca el dedo gordo del pie.)

Otra versión:

Niño chiquito,   (Toca el meñique...etc.)
Señor de anillos,
Tonto y loco,
Lame cazuelas,
Mata piojos.

THIS OLD MAN

This old man he played one,
He played knick knack on my thumb.
With a knick knack, paddy wack,
Give your dog a bone,
This old man came rolling home. (Roll arms.)

This old man he played two,
He played knick knack on my shoe.
With a knick knack, paddy-wack,
Give your dog a bone,
This old man came rolling home.

This old man he played three,
He played knick knack on my knee.
Continue.

This old man he played four,
He played knick knack on my door.
Continue.

This old man he played five,
He played knick knack on my hive.
Continue.

This old man he played six,
He played knick knack on my sticks.
Continue.

This old man he played seven,
He played knick knack up in heaven.
Continue.

This old man he played eight,
He played knick knack on my gate.
Continue.

This old man he played nine,
He played knick knack on my vine.
Continue.

This old man he played ten,
He played knick knack all over again.
Continue.

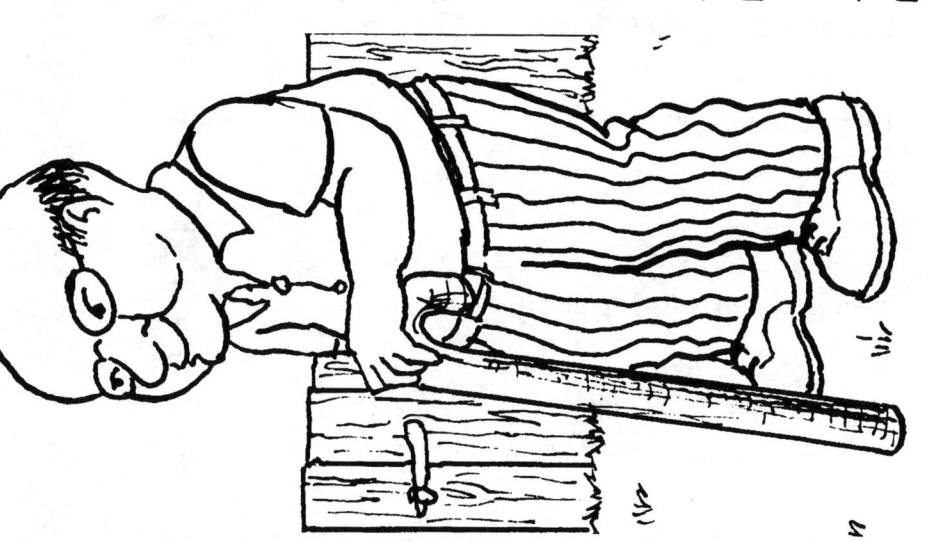

TWINKLE, TWINKLE LITTLE STAR

Twinkle, twinkle little star

How I wonder what you are.

Up above the world so high.

Like a diamond in the sky.

Twinkle, twinkle little star.

How I wonder what you are.

DOS PEQUEÑOS MIRLOS

Dos pequeños mirlos
(Levanta dos puños.)

Sentados en una rama.

Uno era Pedro
(Mueve un puño.)

La otra era Ana.
(Mueve el otro puño.)

Sal volando, Pedro.
(Haz "volar" un puño, escondiéndolo detrás de la espalda.)

Sal volando, Ana.
(Haz "volar" el otro puño, escondiéndo detrás de la espalda.)

Vuelve, Pedro.
(Saca "volando" un puño.)

Vuelve, Ana.
(Saca "volando" el otro puño.)

WE ARE THANKFUL

(tune: Are You Sleeping?)

We are thankful,

We are thankful,

For our ____.

For our ____.

Very, very thankful,

Very, very thankful,

For our ____.

For our ____.

Las ruedas del autobús

(Wheels on the Bus)

Las ruedas del autobús giran y giran,
(Haz círculos con los brazos.)

Giran y giran, giran y giran.

Las ruedas del autobús giran y giran

Del autobús.

Los niños brincan y brincan
(Párate y siéntate.)

Los limpiabrisas hacen sh, sh, sh . . .
(Mueve los brazos de un lado a otro.)

Las puertas abren y cierran . . .
(Extiende el brazo y vuélelo al pecho.)

El pito hace tu, tu, tu
(Toca el pito con la mano.)

Los bebés lloran gua, gua, gua . . .
(Sécate las lágrimas con la mano.)

Los papás dicen cállate ya,
cállate ya, cállate ya
(Pon el dedo en los labios.)

¿Dónde está Gordo?

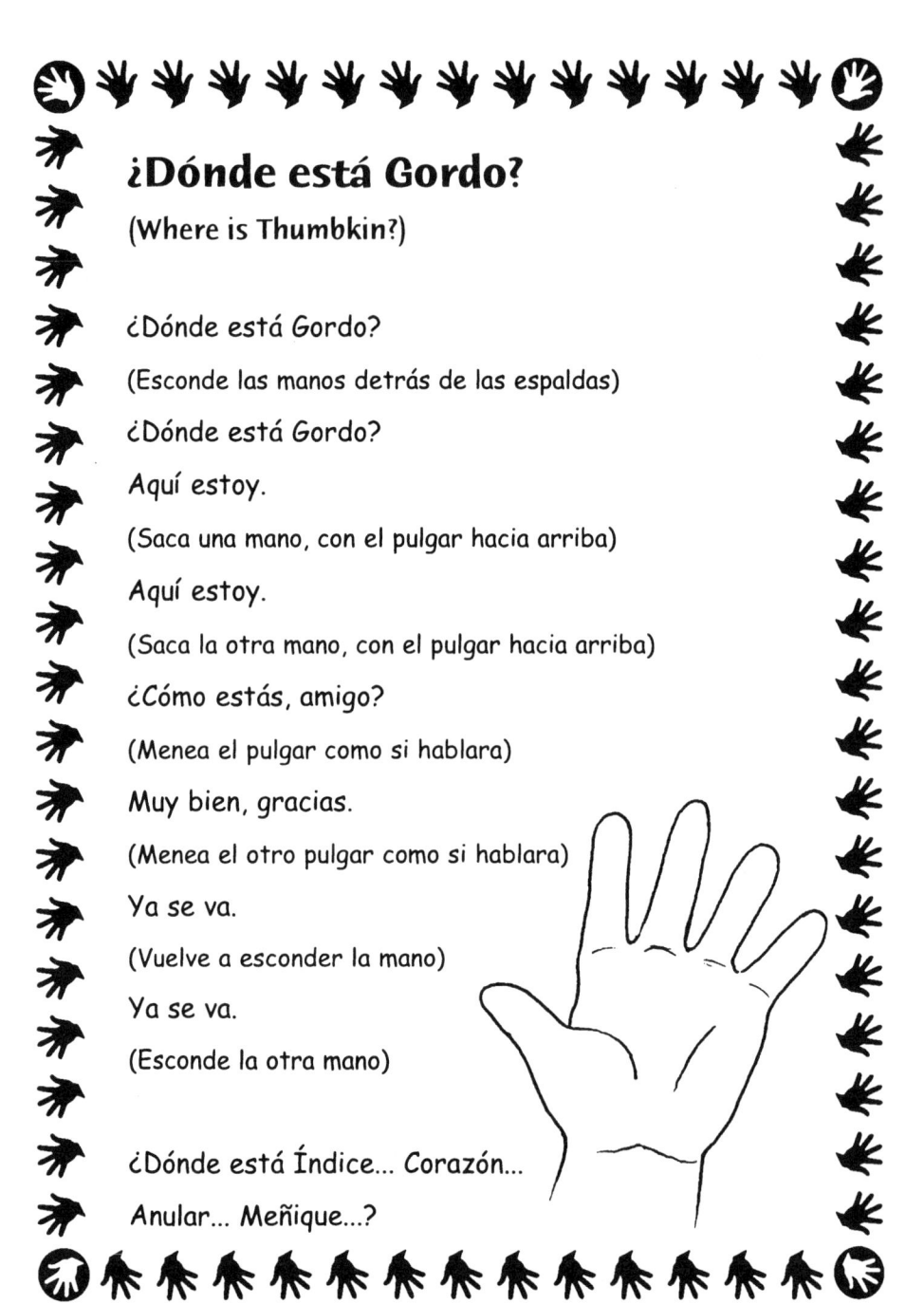

(Where is Thumbkin?)

¿Dónde está Gordo?

(Esconde las manos detrás de las espaldas)

¿Dónde está Gordo?

Aquí estoy.

(Saca una mano, con el pulgar hacia arriba)

Aquí estoy.

(Saca la otra mano, con el pulgar hacia arriba)

¿Cómo estás, amigo?

(Menea el pulgar como si hablara)

Muy bien, gracias.

(Menea el otro pulgar como si hablara)

Ya se va.

(Vuelve a esconder la mano)

Ya se va.

(Esconde la otra mano)

¿Dónde está Índice... Corazón...

Anular... Meñique...?

Building Blocks Library

CIRCLE TIME SERIES

by Liz & Dick Wilmes. **Thousands of activities for large and small groups of children. Each book is filled with Language and Active games, Fingerplays, Songs, Stories, Snacks, and more. A great resource for every library shelf.**

Circle Time Book
Captures the spirit of 39 holidays and seasons
ISBN 0-943452-00-7 ....$12.95

Everyday Circle Times
Over 900 ideas. Choose from 48 topics divided into 7 sections: self-concept, basic concepts, animals, foods, science, occupations, and recreation.
ISBN 0-943452-01-5 ....$16.95

More Everyday Circle Times
Divided into the same 7 sections as EVERYDAY. Features new topics such as Birds and Pizza, plus all new ideas for some of the popular topics contained in EVERYDAY.
ISBN 0-943452-14-7 ....$16.95

Yearful of Circle Times
52 different topics to use weekly, by seasons, or mixed throughout the year. New Friends, Signs of Fall, Snowfolk Fun, and much more.
ISBN 0-943452-10-4 ....$16.95

ART

Paint Without Brushes
by Liz & Dick Wilmes. Use common materials which you already have. Discover the painting possibilities in your classroom! PAINT WITHOUT BRUSHES gives your children open-ended art activities to explore paint in lots of creative ways. A valuable art resource. One you'll want to use daily.
ISBN 0-943452-15-5 ....$12.95

Easel Art
by Liz & Dick Wilmes. Let the children use easels, walls, outside fences, clip boards, and more as they enjoy the variety of art activities filling the pages of EASEL ART. A great book to expand young children's art experiences.
ISBN 0-943452-25-2 ....$12.95

Everyday Bulletin Boards
by Wilmes and Moehling. Features borders, murals, backgrounds, and other open-ended art to display on your bulletin boards. Plus board ideas with patterns, which teachers can make and use to enhance their curriculum.
ISBN 0-943452-09-0 ....$12.95

Exploring Art
by Liz & Dick Wilmes. EXPLORING ART is divided by months. Over 250 art ideas for paint, chalk, doughs, scissors, and more. Easy to set-up in your classroom.
ISBN 0-943452-05-8 ....$19.95

LEARNING GAMES & ACTIVITIES

Magnet Board Fun
by Liz & Dick Wilmes Every classroom has a magnet board, every home a refrigerator. MAGNET BOARD FUN is crammed full of games, songs, and stories. Hundreds of patterns to reproduce, color, and use immediately.
ISBN 0-943452-28-7 ....$16.95

Activities Unlimited
by Adler, Caton, and Cleveland. Hundreds of innovative activities to develop fine and gross motor skills, increase language, become self-reliant, and play cooperatively. This book will quickly become a favorite.
ISBN 0-943452-17-1 ....$16.95

Games for All Seasons
by Caton and Cleveland Play with the wonder of seasons and holidays. Use acorns, pumpkins, be clouds and butterflies, go ice fishing. Over 150 learning games.
ISBN 0-943452-29-5 ....$16.95

Felt Board Fingerplays
by Liz & Dick Wilmes. A year full of fingerplay fun. Over 50 popular fingerplays with full-size patterns. All accompanied by games and activities.
ISBN 0-943452-26-0 ....$16.95

Felt Board Fun
by Liz & Dick Wilmes. Make your felt board come alive. This unique book has over 150 ideas with patterns.
ISBN 0-943452-02-3 ....$16.95

Felt Board Stories
by Liz & Dick Wilmes. 25 seasonal, holiday, and any-day stories with full-size patterns. Children are involved in each story. They figure out riddles, create endings, sing with characters, add patterns, and so much more.
ISBN 0-945452-31-7 ....$16.95

Table & Floor Games
by Liz & Dick Wilmes. 32 easy-to-make, fun-to-play table/floor games with accompanying patterns ready to duplicate. Teach beginning concepts such as matching, counting, colors, alphabet, and so on.
ISBN 0-943452-16-3 ....$19.95

Learning Centers
by Liz & Dick Wilmes. Hundreds of open-ended activities to quickly involve and excite your children. You'll use it every time you plan and whenever you need a quick, additional activity. A must for every teacher's bookshelf.
ISBN 0-943452-13-9 ....$19.95

Play With Big Boxes
by Liz & Dick Wilmes. Children love big boxes. Turn them into boats, telephone booths, tents, and other play areas. Bring them to art and let children collage, build, and paint them. Use them in learning centers for games, play stages, quiet spaces, puzzles, and more, more, more.
ISBN 0-943452-23-6 ....$12.95

Play With Small Boxes
by Liz & Dick Wilmes. Small boxes are free, fun, and unlimited. Use them for telephones, skates, scoops, pails, doll beds, buggies, and more. So many easy activities, you'll use small boxes every day.
ISBN 0-943452-24-4 ....$12.95

Parachute Play, Revised
by Liz & Dick Wilmes. Play, wiggle, and laugh as you introduce children to the parachute. Over 150 holiday and everyday games for inside and outside play.
ISBN 0-943452-30-9 ....$12.95

On Track To KINDERGARTEN

by Alex Cleveland and Barb Caton. Parents always ask: "How can I help my child get ready for kindergarten?" This book is the answer. The weekly activity sheets are filled with games and activities for parents to do with their children. Available in Spanish and English.

ISBN 0-943452-32-5 (English) $14.95
ISBN 0-943452-33-3 (Spanish) $14.95

Coming in 2002 - On Track To FIRST GRADE

2's EXPERIENCE SERIES by Liz & Dick Wilmes.
An exciting series developed especially for toddlers and twos!

2's-Art
Scribble, Paint, Smear, Mix, Tear, Mold, Taste, and more. Over 150 activities, plus lots of recipes and hints.
ISBN 0-943452-21-X $16.95

2's-Sensory Play
Hundreds of playful, multi-sensory activities to encourage children to look, listen, taste, touch, and smell.
ISBN 0-943452-22-8 .... $14.95

2's-Dramatic Play
Dress up and pretend! Hundreds of imaginary situations and settings.
ISBN 0-943452-20-1 .... $12.95

2's-Stories
Excite children with story books! Read--Expand the stories with games, songs, and rhymes. Over 40 books with patterns.
ISBN 0-943452-27-9 .... $16.95

2's-Fingerplays
A wonderful collection of easy fingerplays with accompanying games and large FINGERPLAY CARDS.
ISBN 0-943452-18-X $12.95

2's-Felt Board Fun
Make your felt board come alive. Enjoy stories, activities, and rhymes. Hundreds of extra large patterns.
ISBN 0-943452-19-8 .... $14.95

BUILDING BLOCKS

BUILDING BLOCKS Subscription $20.00

CIRCLE TIME Series
CIRCLE TIME BOOK 12.95
EVERYDAY CIRCLE TIMES 16.95
MORE EVERYDAY CIRCLE TIMES 16.95
YEARFUL OF CIRCLE TIMES 16.95

ART
EASEL ART 12.95
EVERYDAY BULLETIN BOARDS 12.95
EXPLORING ART 19.95
PAINT WITHOUT BRUSHES 12.95

LEARNING GAMES & ACTIVITIES
ACTIVITIES UNLIMITED 16.95
FELT BOARD FINGERPLAYS 16.95
FELT BOARD FUN 16.95
FELT BOARD STORIES 16.95
GAMES FOR ALL SEASONS 16.95
LEARNING CENTERS 19.95
MAGNET BOARD FUN 16.95
PARACHUTE PLAY, REVISED 12.95
PLAY WITH BIG BOXES 12.95
PLAY WITH SMALL BOXES 12.95
TABLE & FLOOR GAMES 19.95

ON TRACK TO KINDERGARTEN
ENGLISH EDITION 14.95
SPANISH EDITION 14.95

2'S EXPERIENCE Series
2'S EXPERIENCE-ART 16.95
2'S EXPERIENCE-DRAMATIC PLAY 12.95
2'S EXPERIENCE-FELTBOARD FUN 14.95
2'S EXPERIENCE-FINGERPLAYS 12.95
2'S EXPERIENCE-SENSORY PLAY 14.95
2'S EXPERIENCE-STORIES 16.95

Prices subject to change without notice

All books available from full-service book stores, educational stores, and school supply catalogs.

Check Our Website: www.bblocksonline.com